人工知能の可能性・限界・脅威を知る

AI入門講座

YUKIO NOGUCHI
野口悠紀雄

東京堂出版

ＡＩ入門講座

人工知能の可能性・限界・脅威を知る

Toto, I've got a feeling we're not in Kansas anymore.

Wizard of Oz

トト、ここはもうカンザスじゃないみたいよ。

「オズの魔法使い」

はじめに

本書はＡＩ（Artificial Intelligence：人工知能）について平易に解説した入門書である。

ＡＩについての記事が、毎日のように新聞に登場する。

そうしたものを読んでいると、ＡＩが発達して、すべてのことがＡＩによってできてしまうような思いに囚われる。

しかし、現実にあるＡＩは、これとは大きく違う。

コンピュータのプログラムによってどのような仕組みを作り、それにどのようなデータを与えるかによって、結果は大きく異なるものとなる。そうした作業は、すべて人間が行なうのだ。ＡＩは、人間が望むことを自動的に計算して、実行してくれるわけではない。ＡＩは、決して魔法ではないのだ。

しかし半面において、ＡＩを軽視してもならない。

多くの人々は、「人間でなければできない仕事がある。とくに、創造的な仕事や判断を要する仕事はＡＩが行なうことができないから、こうした仕事をしている人は、ＡＩに仕事を奪われることはない。だから安泰だ」と考えている。

しかし、こう言い切ることはできない。なぜなら、これまで人間でなければできないと考えられていた仕事に、ＡＩが急速に進出しているからだ。

好むと好まざるとにかかわらず、誰もがＡＩの影響を受けざるを得ない。ＡＩがわれわれの社会と生活を日々大きく変えつつあるのは、間違いない事実なのである。そして、こうした傾向は、これからますます強まっていく。

巻頭のエピグラフに引用したのは、映画「オズの魔法使い」で、主人公のドロシーが家ごと竜巻で吹き飛ばされ、魔法の国に着いたときに発した驚きと戸惑いの言葉だ。ＡＩが引き起こしつつある変化を見ていると、われわれもこの言葉を呟きたくなる。

こうした変化を頭から拒否するか、あるいは積極的に利用しようとするかによって、企業や個人の将来は、大きく違ったものとなるだろう。

では、いま存在するＡＩは、どのような能力を持っていて、どのようなことができるのか？　そして、今後どのように能力を高めていくのか？　ＡＩは、人間の仕事をどこまで代替していくのか？　こうしたことに関する適切な判断が必要だ。

その判断にあたっては、ＡＩについて、単に表面的な現象を知るだけでなく、原理に遡って理解することが必要だ。

本書は、このような観点から、ＡＩがどのように利用されているかを見るだけではなく、原理にまで遡って説明しようと試みた。とりわけ、「機械学習」と言われるものがどのように行なわれているのかを解説した。これを理解することによってはじめて、ＡＩの可能性や限界についての的確な判断を行なうことができるだろう。

ただし、本書は、ＡＩに関する専門書ではない。本書は、ＡＩに関心があるが、それに直接はかかわっていない方々を読者として想定している。このため、コンピュータサイエンスや数学の知識なしでも読み進めることができるように説明してある。

ＡＩを理解することは、決して難しくない。ＡＩは複雑なのではない。単に扱っているデータ量が大きいだけなのである。

ＡＩは、様々な分野に関連している。コンピュータサイエンスや数学だけではなく、法律・経済にも直接のかかわりがあるし、社会の基本構造との関係も重要だ。

通常「ＡＩの専門家」といわれる人たちは、これらの中のごく狭い部分についての専門家だ。とくに、アルゴリズムやデータ処理についての専門家だ。

専門家は、狭い範囲に集中しなければ、新しい知見を生み出したり技術を開発したりすることができない。このため、狭い分野の専門家が全体像を把握することは、決して容易ではない。ＡＩはあまりに広範な分野にかかわるので、「ＡＩ全般に関する専門家は存在しない」と言っても良いだろう。

私は個別分野におけるＡＩの専門家ではない。しかし、ＡＩが社会をどう変えていくかという問題に関しては、深い関心を持っている。

本書は、このような立場から書かれた。


各章の概要は、つぎのとおりである。

第1章では全体を概観する。

ここで強調したいのは、「ＡＩを敵だとして拒否するのではなく、味方であると考えてどう利用すべきかを考えるべきだ」ということだ。

第2章から第4章においては、ＡＩが具体的にどのように応用されているかを見る。

第2章においては、「パタン認識能力」と、その応用について述べる。これによって人間とコンピュータのインターフェイス（境界面）が改善され、事務の合理化などが進む。また、自動車の自動運転は、社会を大きく変えるだろう。

第3章においては、特定の個人あるいは企業がどのような性格を持っているかをデータから推定することについて述べる。これは、「プロファイリング」と呼ばれる技術だ。

この技術を用いて新しいタイプの広告を行なう（個人に合ったメッセージを送る）のが、ビジネスでのＡＩの最初の利用であった。最近では、この技術を用いて個人の信用度の評価を行なう試みなどがなされている。

第４章においては、高度の知的作業において、ＡＩがどのようなことができるかを見る。翻訳、文章の執筆などにおいて、ＡＩの能力が高まってくると、税理士、会計士などの専門的な職業の一部は、ＡＩによって代替されるだろう。こうした変化に対応するためには、コンサルティング的な仕事の比重を高めることが必要だ。なお、資産運用におけるＡＩの活用については、様々な問題があることを指摘する。ＡＩは、作曲や映画の製作、自然法則の発見などの分野にも進出しつつある。

第５章では、ＡＩの機能を実現するための、様々な機械学習の手法を見る。ニューラルネットワーク、決定木《けっていぎ》、ベイズのアプローチの手法などを説明する。この章の内容はやや専門的なものに近くなるが、図などを用いて、できるだけ平易に説明する。「機械学習」とか「ニューラルネットワーク」という言葉が頻繁に飛び交っているが、それらが具体的にどのような方法であるかを理解しないと、ＡＩの働きを理解することはできない。本章は、ＡＩの専門家でない人でも知っているべき「基本」を説明する。この理解にあたって、高等数学の知識は必要ない。四則演算を知っていれば、機械学習のほとんどは理解できる。

第6章では、機械学習において重要な役割を果たすデータの問題について述べる。「ビッグデータ」と呼ばれる新しいタイプのデータが利用可能になったことが、AIの能力を高める上で大きな役割を果たした。これは、「データ駆動型」という新しい動きをもたらしている。ただし、「データをそのまま使えば自動的にコンピュータが処理してくれる」というわけではなく、その事前処理などが重要な意味を持っている。こうした問題を扱うのが、データサイエンスだ。

第7章では、「過学習」について述べる。これは、「学習用に与えられたデータに対しては正解できるが、新しいデータに対しては間違えてしまう」という問題だ。必要とされるのは、「学習データに対してだけでなく、新たなデータに対しても正しく予測できる」ことだ。これを「汎化《はんか》能力」と呼ぶ。過学習を回避するために、「交差検証」(「クロス確認」)や「正則化」などの方法が用いられる。

第8章では中国について述べる。AIを用いる顔認証技術において、中国は世界の最先端にある。それ以外のAI利用においても、中国の躍進ぶりは目覚ましい。高い技術を支えているものが、基礎研究力であることは事実だ。しかし、それだけではなく、中国の特殊な社会構造がAIの開発に有利に働いていることを否定できない。政府が監視国家を志向する傾向が強いことに加え、国民の側でプライバシーの意識が弱いことが問題だ。世界は、こうした中国の特殊性に対して、警戒を強め始めている。

第9章では、ＡＩがいかなる社会を作るかについて述べる。まず、ＡＩの利用が広がった社会において、人間の仕事がどうなるかを述べる。ＡＩによって代替されない仕事が何かを見出すことが必要だ。それだけでなく、ＡＩによって価値が上がる仕事があるはずなので、それを探し出す必要がある。ただし、それができたとしても、格差が拡大する危険がある。また、これまでの社会の仕組みとの衝突が起きる可能性もある。さらに、この章では、ＡＩの創造性といわれるものが本物か否かを論じる。人間の創造性は、いくつかの点においてＡＩの創造性とは異なるものだ。

本書の執筆にあたっては、株式会社東京堂出版編集部　吉田知子氏にお世話になった。ここに御礼申し上げたい。

２０１８年９月

野口悠紀雄

AI入門講座——人工知能の可能性・限界・脅威を知る◎目次

第2章

AIができること（1）パタン認識

第3章 AIができること（2）プロファイリングとフィルタリング

第4章

AIに高度知的活動ができるか？

第5章

AIはどのように思考しているのか？

第6章 データはAIの栄養源

第7章

過学習とそれへの対処

第8章

深刻な「中国問題」

第９章　ＡＩはいかなる社会を作るか？

第1章

AIを味方につけるには、AIを理解する必要がある

１　ＡＩを敵でなく味方と考える

ＡＩは、すでに社会を大きく変えつつある

ＡＩ（人工知能）の能力が急速に高まっている。

２０１１年には、ＩＢＭが開発したＡＩワトソンが、アメリカのクイズ番組で、人間に勝った。また、15年には、グーグルのAlphaGoが囲碁で人間を打ち負かした。

いまのＡＩは翻訳もできる。データを与えられて記事を書くこともできる。作曲もできるし、自然法則の発見もできる。様々な分野で、これまで人間がやってきたことを、コンピュータがより効率的に遂行できるようになった。

ＡＩはこれまでもブームになったことがあり、現在は第３次のブームだと言われる。

これまで、コンピュータやロボットが代替するのは、単純労働が中心と思われていた。しかし、最近では、コンピュータが知的労働の分野にも進出している。すでに、ビジネスでも広範な分野で利用が広がりつつある。われわれは、いま巨大な変化の渦中にいる。

この変化がどのような社会を築いていくのか、まだ完全な形で見通すことはできない。ただし重要なのは、いま起きているのがきわめて大きな変化であると、認識することだ。

ＡＩを敵でなく味方と考えよう

何事もそうだが、敵だと思えば遠ざかっていくが、味方だと思えば自然に近づいてくる。

１９８０年頃から始まったＩＴ革命におけるＰＣ（パソコン）やインターネットが、そうだった。これらを嫌悪し、職を奪う敵だと考えて排除しようとした人も多かった。しかし、排除することはできなかった。それに対して、ＰＣやインターネットを積極的に取り入れた人や企業が発展した。

ＡＩについても、同じことが言える。

ＡＩを積極的に使おうとする人や企業は、これからますます生産性をあげていくことになるだろう。他方で、敵と考えて排除しようとする人は、ＡＩに仕事を奪われる。

だから、ＡＩを敵でなく味方と考えることが必要だ。

ただし、そのためには、ＡＩについて、最低限のことを知っておく必要がある。

本書の目的は、ＡＩの専門家ではない人が、ＡＩについて知る手助けをすることだ。

ＡＩは、われわれの仕事の手伝いをしてくれる

ＡＩは企業や政府で用いる場合が多いが、それだけではない。個人で使うことができるものもある。

例えば、スマートフォンを通じてＡＩを使うことができる。例えば、アップル（Apple）のSiri（シリ）やグーグル（Google）の音声認識機能だ。誰でも無料で、何の手続きもなしに、すぐに利用することができる。最近では、アマゾンエコーやグーグルホームなどのスマートスピーカーも登場している。

これらの機能をうまく使えば、生活が大きく変わる。音声入力を用いれば、キーボードを操作しなくともＰＣやスマートフォンを使うことができるため、これまでＩＴ機器の操作が苦手だった人も、簡単に使えるようになった。

さらに、セマンティック検索、自動翻訳などを活用して、仕事の能率を高めることもできる。仕事の一部を誰かに頼むと、費用がかかるし、一日中使うわけにもいかない。しかし、右のようなサービスであれば、費用はかからないし、24時間いつでも使える。

昔から口述筆記をさせた人は多かったが、そうしたことができるのは、『ガリア戦記』を馬上で口述したユリウス・カエサル（前１００頃〜前44）のような権力者に限られていた。しかし、いまでは、スマートフォンを使えば、誰でも口述筆記ができる。

このように、誰もが日常的な仕事にＡＩを使うことができるようになったのである。積極的に活用してＡＩを味方にしよう。

2 「ＡＩが何をやっているか」を理解する

ＡＩを理解するのは、難しくない

「ＡＩは魔法のような技術で、人間の仕事をつぎつぎに奪っていく」と考えている人が多い。反対に、ＡＩはこれまで人間がやっていた仕事を何でも代わってやってくれるから、今後の日本のように労働力不足が深刻な問題になる国では、積極的に導入すべきだとの考えもある。

こうした考えのどれが正しいのかを判断するには、ＡＩに何ができるかを、正確に理解する必要がある。そのためには、ＡＩがどのように機能しているかを知る必要がある。とりわけ、ＡＩを味方につけて利用するためには、ＡＩに何ができるかを正確に知っておく必要がある。

では、ＡＩについて学ぶのは、どれほど大変なことか？

量子力学や相対性理論を学ぶのは、大変難しい。それらを理解するためには、高等数学に習熟している必要があるし、物理学の基礎を勉強している必要がある。これは大変なことだ。入門書を読んでも、おおよその輪郭を摑むことができるだけで、理論の本質を理解することはできない。

ＡＩも同じだと思っている人が多い。「機械学習」だとか、「ディープラーニング」だとかいう聞きなれない言葉が登場するので、無理もない。

しかし、その原理は簡単だ。量子力学や相対性理論を理解するのとは質が違う。ある段階までなら、高等数学は必要ない。四則演算さえ理解していれば、理解できる。

ＡＩについて、新しい理論や方法を考えだすのは大変なことだ。しかし、それを理解するのは、それほど大変なことではない。

利用するのでさえ、そうだ。いまでは、分析用モデルのパッケージが多数提供されているので、専門家でなくとも、モデルの仕様を設定するだけで利用できる。大規模なデータを扱うのでなければ、ＰＣでも利用できる。

従来のコンピュータ利用との違いは、機械学習

コンピュータ利用のどの範囲のものをＡＩと呼ぶかは、論者によって差がある。(注)

最近では、ＡＩブームに乗じて、何でもＡＩという傾向がある。単なるコンピュータ利用を

(注)　これは、「ＡＩが知的か？」という問題とは別のものだ。これについては、「チューリングテスト」というテストが用いられる。これは、イギリスの数学者アラン・チューリングが書いた論文による方法だ。

判定者と「ついたて」で隔てられた向こう側に、人間と機械（コンピュータ）がいる。判定者からは相手は見えず、会話はテキストだけで行なう。この条件の下で、相手が人間か機械かを判定者の多くが見分けられなければ、「機械が知的である」とみなすのである。

ＡＩと称する場合も多いように見受けられる。「ＡＩを使っている」といえば信頼されるからだ。だから、注意が必要だ。

コンピュータを用いて数値処理をしているだけのことを「ＡＩ」というのでは、あまりに広義だ。

ＡＩが従来のコンピュータ利用と大きく違うのは、コンピュータが自動的に学習することだ。これは、「機械学習」といわれる。

これまでのコンピュータ利用では、データ処理の方法を、一段階ずつ細かくプログラムしてコンピュータに指示していた。ところが、最近では、そうした手続きの少なくとも一部分を、コンピュータがデータから「学習」することによって、自動的に行なうことができるようになったのである。

あらかじめ教えられたことだけでなく、与えられたデータによって学習する。それによって賢くなる。これが機械学習だ。

ただし、「データを与えさえすれば、機械がまったく自動的に様々な情報を取り入れて学習してくれる」というわけではない。第5章や第6章で詳しく説明するように、どのような方法を使って学習するかは、人間が考えて、その仕組みを人間が事細かに決める必要がある。

「学習」というのは、用いられているモデルのパラメータ（係数など）を適切な値に設定することである。

ＡＩが機械学習をするためには、ビッグデータが重要な役割を果たす（ただし、ビッグデータがなければ機械学習ができないわけではない）。

「データサイエンス」は、このような問題を扱うための学問だ。その専門家を、「データサイエンティスト」という。

データの問題については、第６章で述べることとする。

ＡＩ機械学習のコンペもある

ＡＩによる機械学習には、様々なモデル（手法）が用いられる。いまでは、機械学習ライブラリ（機械学習のモデルをまとめて、誰でも利用できるようにしてあるもの）があり、諸々のアルゴリズムが実装されているので、分析対象に合ったモデルを用いることができる。

ライブラリを使って機械学習をさせる人にとっては、モデルの構造を詳しく知ることよりは、パラメータの意味を理解することのほうが重要だ。車のエンジンの構造を知らなくてもアクセルやブレーキの意味や使い方を知っていれば運転できるのと同じことだ。

インターネット上にKaggleというサイトがある。これは、機械学習を用いた予測のモデルや分析手法を競い合うサイトだ。企業などがデータと問題を出し、データサイエンティストが回答する。世界中で約２００万人が登録していると言われている。

回答を投稿すると、即座に採点され、参加者の順位が出る。データサイエンティストにとっては、そのランキングがステータスになる。企業の側からすると、優秀なデータサイエンティストのリクルーティングに使える。

Kaggleに投稿されているモデルは、ＡＩ応用の具体例だ。これを見ると、実際の分析がどのように進められるか、どのような問題が発生するのか、などが具体的に分かるので、大変興味深い。

ここにある有名な課題として、Titanic：Machine Learning from Disaster（タイタニック：惨事からの機械学習）がある。１９１２年に起きたタイタニック号の海難事故では、乗員・乗客合わせて１５１３人が犠牲になったと言われる。どんな条件の人が助かったかを、データに基づいてＡＩで予測しようとするものだ。

興味がある人は、覗いてみると良いだろう。

「アルゴリズム」と「パラメータ」について

本書では数学をできるだけ使わないようにして解説しているが、「アルゴリズム」と「パラメータ」という言葉は、使わざるを得ない。

これらは、数学やコンピュータ関連では頻繁に使われるが、日常生活では使わない言葉だ。そこで、これらについて説明しておこう。

第一は、「アルゴリズム」。

アルゴリズムを最も広義に解釈すれば、行動を規定する一連の手続きのことだ。

例えば、交差点でどのように行動すべきか？　まず信号を見る。赤であれば渡らない。緑であれば渡って良いが、途中で信号が黄色になったら、急いで渡る。これは、一種のアルゴリズムであると言っても良い。

通常は、「問題を解く手続き」のことをアルゴリズムと言う。とくに、数学的な問題を解く手続き、とりわけ、それをコンピュータによって解く手続きを指す。

その手続きにしたがって計算を進めていけば、必ず解が得られるような手続きだ。その意味で「公式」という概念と似ているが、必ずしも通常の公式のように簡潔な形をしているわけではない。

また、「解の候補を一つずつ確かめていく」という方法は、アルゴリズムとはいわない。

例えば、素因数分解には公式がなく、どの数で割れるかを一つずつ確かめていく必要がある。このため、「素因数分解のアルゴリズムはない」といわれる（ただし、現在までのところ見出されていない」ということであり、将来見つかる可能性は否定できない）。

アルゴリズムは、コンピュータのプログラムの形で書くことができる。

「アプリケーション」（アプリ）も、似た概念だ。これは、特定の作業を行なうために使用されるソフトウェア（コンピュータのプログラム）である。文章を書くためのエディタやワープロのソフト、表で計算するための表計算ソフトなどがある。これは、PCが動作するための土台であるOS（オペレーティングシステム）との対比で用いられる。OS上でアプリケーションソフトが動作するのである。

第二は、「パラメータ」。この言葉は、用語辞典などでは「媒介変数」とか「補助変数」と説明されることが多いが、これではかえってなんのことか分からなくなってしまう。

「数式の係数などだ」と説明するほうが分かりやすい。例えば、図に描いた直線は、数式で表すことができる。この場合、直線の位置や傾きなどは、直線を表す数式の係数によって変わる。これらが「パラメータ」である。

パラメータを変えれば、直線であることは変わらないが、位置や傾きは様々に変わる。このように、モデルの一般的な特性を決めたあとで、その具体的な形を定めるのがパラメータだ。

あるいは、統計分析で、ある変数の分布の状態を、例えば「正規分布」という形だと規定したとする。この場合、具体的な分布の形は、平均や分散（広がり）などをどう決めるかで異なるものとなる。この場合には、平均や分散が「パラメータ」だ。

3　ＡＩは万能のロボットではない

汎用ＡＩでなく、特化型ＡＩしかない

多くの人は、ＡＩと聞くと、万能のロボットを想像する。

しかし、現在存在するＡＩは、すべてのことをできるわけではない。ＡＩができることは、きわめて限定的だ。

これは、汎用ＡＩと特化型ＡＩとして区別される。

「汎用ＡＩ」（General AI）とは、人間のあらゆる感覚とあらゆる判断力を持ち、人間と同じように（場合によってはそれ以上に）考え、仕事を遂行するコンピュータだ。

これに対して、「特化型ＡＩ」（Narrow AI）とは、特定のタスクについて、人間と同等に（あるいはそれ以上に）処理することができるコンピュータだ。

多くの人がＡＩについて持っているイメージは、汎用ＡＩだ。

汎用ＡＩのイメージが広がった大きな理由は、機械学習で「コンピュータが自動的に学習する」という点にある。

また、ＳＦや映画に登場するＡＩが汎用ＡＩとして描かれていることの影響もあるだろう。

例えば、映画「スター・ウォーズ」の「C－3PO」は、汎用AIだ。C－3POは人間に友好的だが、人間に敵対的な汎用AIもいる。例えば、映画「ターミネーター」に出てくるスカイネットのようなものだ。

しかし、人類は、そのようなAIを、少なくとも現時点においては造り出していない。将来において造り出せる可能性は否定できないが、確実にできるとはいえない。

これまでに人類が作り上げたものは、「特化型AI」でしかない。つまり、AIができることは、きわめて限定的なタスクなのである。そして、いかなる仕事をどのように遂行するかは、人間が指定する。「問題を解決してくれ」と頼めば自分でやり方を工夫して対処してくれるC－3POのようなわけにはいかないのだ。

特定の分野では人間より優れている

しかし、だからといって、「AIの影響を軽視して良い」ということにはならない。限定化されたタスクについては、人間より遥かに高速に、正確に仕事を遂行してくれるからだ。

AIが人間以上の能力を発揮し、人間以上の効率で働いてくれる分野がいくつもある。そして、以下の各章で述べるように、そうした分野が急速に拡大しつつある。

こうした分野の仕事について、人間がAIと競っても意味はない。それは、人間より速く走ることができる機械（自動車や電車）と競走しても意味がないのと同じである。競争するのでなく、それらの機械をうまく利用することを考えるべきだ。ＡＩについても、ＡＩが得意な分野について、いかにそれを活用できるかを考えるべきだ。

だから、「ＡＩが職を奪うから大変だ」と騒ぐのではなく、「ＡＩに何ができるのか」「ＡＩに何ができないのか」「ＡＩの広がりによって価値が高まる仕事は何か」を知ることが、きわめて重要なのである。

現在のＡＩに何ができるか？

現在のＡＩに何ができるかは、第2章から第4章で述べる。あらかじめ要約しておくと、つぎのとおりだ。

第一に、「パタン認識」ができるようになった（第2章）。これは、図形や自然言語などを認識し、理解することである。これは、人間がいままでできたことだ。それにもかかわらず、これまではコンピュータがほとんどできなかった分野だ。

このため、例えばウェブショップで商品の写真を選別・選定する作業は、人間が行なうしかなかった。大量の写真を人海戦術によって処理していたのである。ところが、機械学習の手法によって図形認識が可能になってきた。人間より正確で速くできる場合もある。しかも、人間のように疲れたりしない。

これによって、人間とのインターフェイスが大きく変わる。そのため、これまで人間が行なっていた多くの処理作業をＡＩが代替することになるだろう。

また、自動車の完全自動運転も、近い将来にできるようになる。これが実現すれば、社会の構造は大きく変わる。

第二に、プロファイリング、スコアリング、フィルタリング、分類などによって、対象を正確に評価できるようになる（第３章）。これは、人間でもできたことだ。実際、これまでも数値評価は行なわれていた。それが、ＡＩとビッグデータの利用によって、より正確に迅速にできるようになった。

第三は、創造などの高度に知的な活動だ（第４章）。これは、人間にしかできないと思われていた分野だ。この領域にもコンピュータが進出しつつある。

機械学習は、限定的な場合にだけ有効

個別の問題に対してどのような手法が適切かは、人間が決める必要がある。機械学習とは、あくまでも手法で用いられるパラメータを決定するだけなのだ。

現在のＡＩが判断できるのは、新しい状況が学習したデータと非常に近い場合に限られる

（例えば、ガンの画像診断はそれに当たるだろう）。その場合には、人間以上の能力を発揮する場合が多い。しかし、人間のように高度の一般化能力を持ち、まったく新しい状況に適応できるわけではない。

「コンピュータが自動的に学習する」といっても、人間が与えたデータを学習するだけだ。ＳＦ映画にあるように、「コンピュータが自動的にウェブを探って、様々な知識を学ぶ」といったことは、（少なくとも現在では）できない。

ＡＩは、われわれの生活や経済活動にきわめて大きな変化をもたらす。しかし、決して万能の技術ではないことも注意しなければならない。

第2章

AIができること(1)
パタン認識

1　パタン認識ができるようになった

コンピュータが苦手だったパタン認識

これまで、コンピュータが最も苦手なのは、「パタン認識」だとされてきた。これは、図形や自然言語を認識し、理解することだ。

例えば、写真に写っているのが男か女かを判別することだ。人間なら一瞬のうちに判別できる。しかし、コンピュータにはできなかった。

パタン認識は、われわれが学生であった時代から、夢の技術であった。そして、つい最近まで実現できなかった。

これまで、コンピュータが理解できたのは、基本的には、デジタルデータだった。このため、パタン認識の能力は、コンピュータが人間に比べて最も劣る分野だとされてきた。5年前でさえ、パタン認識の技術は、実用にならなかった。

このため、すでに述べたように、ウェブショップ用の大量の商品の写真の選別などは、人間が行なうしかなかった。また、仕分けで手書き文字などを読む作業も、人間が行なってきた。

そして、人間とコンピュータのコミュニケーションは、キーボードなどを用いる形でしか行なえなかった。人間と人間が話すようにはいかなかったのだ。

ディープラーニングによってパタン認識能力が向上

ところが、ＡＩの能力がこの数年で急速に向上し、パタン認識技術が実用的になってきた。

これまでできなかったパタン認識が急速に進歩したのは、第5章の**1**で述べるように、「ニューラルネットワークによるディープラーニング」という方法を採用したからである。

この方法によって、いまでは、特定の分野でのパタン認識は、人間の能力を超えるまでになった。ＡＩによって音声入力が可能になったので、人間とコンピュータの距離が縮まった。

コンピュータによる自然言語や図形の認識を活用して仕事をどれだけ効率化できるかが、これからの企業にとって重要な課題だ。また、個人でも、ＡＩのパタン認識を利用できるかどうかが、仕事の能力に大きな影響を与えることになるだろう。

音声認識はパタン認識の一種だが、これはきわめて難しい技術である。１９８０年代から一般の人々が使える音声認識ソフトが提供されていたが、訓練しなければ使えず、訓練しても、認識精度が低かった。

ところが、コンピュータの音声認識能力は、最近劇的に向上した。アップルのSiriやグーグルの音声認識が有名だ。アマゾンエコーやグーグルホームなどにも応用されている。

また、グーグルの検索で、「画像」というところを見ると、検索語に関連する画像が示されている。その数が、どんどん増えている。これはウェブから自動的に写真や絵、グラフなどを検出できるようになったからだ。

2　パタン認識技術の進歩で可能になること

実務処理や作業の自動化が進む

パタン認識の技術を活用すると、様々な分野で大きな変化が起きる。

手書き文字や印刷された文字の認識が正確にできると、処理や作業を自動化できるので、宅配、郵便などの物流での仕分けや課金などが、自動的にできるようになる。これは、物流産業に大きな変化をもたらすだろう。

音声認識技術でコンピュータが人間の声を認識できれば、様々なことが便利にできる。

暫く前から、検索は音声でできるようになった。自動翻訳や自動通訳もできる。

コールセンターの顧客対応で、ＡＩを活用した自動音声認識システムの導入が進められている。三井住友銀行は、２０１４年からＡＩワトソンを邦銀で初めて導入して実用検証を行ない、

16年10月からコールセンター全席に入れた。顧客の問い合わせ内容を音声認識システムでテキスト化し、オペレーターの画面にワトソンが回答候補を表示する。ワトソンが提示する回答選択肢の上位2位の中に適切な回答が含まれる確率は、90％を超えるという。なお、同行では、国内与信業務に関する行内照会など、行員からの照会業務にもワトソンを利用しているという。また、海外駐在の行員がワトソンを使って自分で調べることもできる。

三井住友海上火災保険は、コールセンターの顧客対応でAIを活用した自動音声認識システムを導入した。顧客の問い合わせを文章に変換し、1万件超の回答事例などから最適な答えを瞬時に導き出すことによって、応答時間を従来より2～3割ほど短縮できるという。

そのうち、様々な窓口応対が自動で行なわれるようになるだろう。

動画認識は、工場、医療、防犯などの分野で、監視・見守り支援に用いることもできる。

製造業や農業でのAI活用

AIは、製造業の生産現場を変える。最も劇的に変化するのは、「検品」だ。

工場では、生産工程の最後に必ず検品（製品の検査）を行なう。この作業は、これまで人間が行なってきた。

しかし、これは、画像認識を行なうAIに代替することができる。正しい完成品に様々なパタンの照明を当てて画像を撮影し、ディープラーニングで学習・解析させる。

また、異音や振動などのデータを集めて、故障の発生や、不良品率の高まりを予測することも行なわれている。さらに、部品の調達数管理、製造数の管理、倉庫の在庫管理などもＡＩが行なうことができる。

ＡＩは農業でも活躍する。

農産物の生育状況などの監視や、病害虫診断、収穫時期の予測などに用いられる。病虫害のデータを蓄積し、生産者から「葉に見慣れない斑点がある」などの連絡が入ると、ＡＩが画像診断し、対応する。

また、畑や水田の温度、湿度等のデータと天気予報情報から、病虫害や高温のアラート情報を出す。さらに、収穫時期予測システムと環境制御によって収穫時期をずらし、価格が高くなるタイミングで出荷することも可能になるという。

顔認証技術の可能性と危険

顔認証（顔認識）は、顔の写真と現実の人間との対応をつける技術だ。

顔認証のために利用者がカメラの前に立ち、撮影に協力する場合（これは「積極認証」と呼ばれる）には、いまや、ほぼ１００％の確率で本人を識別できる。

難しいのは、防犯カメラに映った人混みの中から特定の人物を見つけるといったことだ。これは「非積極認証」と呼ばれる。横を向いたり、足早に歩いたりしている人もいるので、認識が難しいとされてきた。最近では、ＡＩの活用によって、こうした場合の認証精度が上がってきた。

これが正確にできるようになると、電子マネーの支払い、入り口の制御、機器の操作、犯罪者やテロリストの検出などが自動的に行なえるようになる。

電子マネーであるアリペイを運営するアント・フィナンシャル（Ant Financial Group：アリババの子会社）は、２０１７年９月、顔認証だけで支払いができる新決済システム「スマイル・トゥ・ペイ」を導入した。顔認証でドアが開く高級賃貸マンションも登場した。そのうち、オフィスなどの入り口は、顔認識で開くようになるだろう。

日本でも、店頭にカメラを配置して、来店比率や店内動線をデータとして取得することが広まっている。商品を探している客の感情を判断し、商品を勧めることも行なわれている。

パルコが２０１７年11月に上野に開業した「PARCO_ya（パルコヤ）」では、約２３０台のカメラが設置されている。入店した客の性別や年代を推定し、店舗のコンセプトや品ぞろえ、陳列の見直しに役立てようというものだ。

経済産業省は、２０１８年３月30日に、「リピート分析」について指針を発表した。これは、小売店が来店者の顔をＡＩを用いて分析する際の指針を示すものだ。

日本では、顔が写されることに対する反発が強い。札幌市は、２０１７年夏に、札幌駅前通地下歩行空間で顔認証の実証実験を始める計画だったが、市民からプライバシーの侵害や個人情報の流出を不安視する声が数多く寄せられたため、実験を断念した。

ところが、中国では、顔認証技術に対する市民の抵抗感が弱い。それどころか、顔パスで済むのは便利だという意見の人が多い。両手に荷物を持っていても、カメラを見るだけで良い。財布や鍵を持ち歩く必要がなくなった。スマートフォンさえいらない。よく鍵をなくす子供でも、心配がないというわけだ。

こうした背景もあって、中国の顔認証技術は、いまや世界のトップレベルだ。ただし、無制限の顔認証技術の利用は、管理社会をもたらす恐れを意味する。この問題については、第8章で論じることとする。

ガンの発見など医療での応用

医療分野でのパタン認識の利用も広がっている。

レントゲンやコンピュータ断層撮影装置（ＣＴ）、あるいは磁気共鳴画像装置（ＭＲＩ）などの画像から、臓器の形状を認識したり、正常な状態との差異を判別したりできる画像認識技術により病気を判別できる。とりわけ、ガンの発見に威力を発揮する。

胃や大腸の内視鏡検査で撮影する画像は、1回あたり150枚にも上るとも言われるので、AIによる自動診断は医師の負担を減らし、病変の見落としも防げる。

これまでは、画像診断のために、長い時間待ち、高い費用を支払っていた。それがAIの画像認識が用いられるようになれば、素早く、低コストで診断してもらえる。

日本はCTやMRIの台数でいずれも人口当たり世界1位だが、撮影した画像を読影する放射線科医が圧倒的に不足している。内視鏡医の不足も深刻だ。したがって、AIに期待されるところが大きい。

グーグルの持ち株会社アルファベット傘下のディープマインドは、2018年8月、目の疾患を熟練の専門医師と同程度のレベルで検出できるAIシステムを開発したと発表した。

過去に撮影され匿名処理を施した目のスキャン画像を学習することによって、AI診断の精度を高めた。画像データから10種類の目の疾患の特徴を見分けるだけの能力を持つ。専門医による画像分析診断は、作業が煩雑で間に合わない場合がある。AIによって、早期治療が必要な患者を発見しやすくなるという。

自動車の自動運転が進む

ＡＩによるパタン認識は、自動車の自動運転で不可欠な技術だ。前を走る車がどの程度離れているか。歩行者はいないか。道はどのように曲がっているか？　道路標識はどうなっているか。信号はどうか等々、外界の様子を正しく認識する必要があるからだ。

ＡＩのパタン認識能力の向上に伴って、自動運転のレベルが高まっている。

自動運転は、つぎのようないくつかの段階に区別されている。

レベル１（運転支援）、レベル２（部分自動運転）、レベル３（条件付自動運転）、レベル４（高度な自動運転）、レベル５（完全な自動運転）。

現在市販されている自動運転車は、レベル３までのものだ。レベル４の自動運転は、現時点では、特殊環境で運用されるものだけで、公道を走るものは市販されていない。日本政府は、２０２０年までにレベル４の本格導入を目標としている。また、２０２５年を目途に、レベル５の完全自動運転を目指すとしている。

自動運転への技術開発で世界企業の先頭に立つのは、グーグルである。

グーグルが自動運転プロジェクトをスタートさせたのは、２００９年だった。16年12月には、それまで自動運転プロジェクトを進めてきた「グーグルＸ」による開発を終了し、子会社「ウェイモ」を立ち上げた。

自動運転の走行テストの総距離では、グーグル・ウェイモが圧倒的に他を引き離している。ウェイモは、18年2月までに公道での実走行距離が800万キロメートルに達した。他の自動車会社を圧倒する走行データを蓄積している。

日本経済新聞の報道（18年9月13日）によれば、自動運転に関する特許競争力で、グーグルがトヨタ自動車を上回って世界一となった。3位はGM、4位はフィード。日産は5位、デンソーが8位、ホンダが9位だった。

自動車の自動運転は社会を大きく変える

自動運転は、社会活動に大きな影響を与える。

商業施設や空港、遊園地など私有地内の循環バスなどは、ルートも決まっているし、安全面でのハードルも低いので、かなり早い時期に自動運転化される可能性が高い。

鉄道では、すでに東京臨海部を走るゆりかもめが無人運転しているし、海外の飛行場でターミナル間をつなぐ電車は、かなり前から自動運転だ。自動運転技術の進歩に伴って、鉄道の自動運転も広がるだろう。

レベル5の完全自動運転が可能になれば、タクシー、バス、トラックは無人になると予測される。それが実現すれば、物流業界における人材不足問題が解消されると期待される。

それだけでなく、社会に大きな変化が生じるだろう。

小型ドローンやロボットによって自動戸別配達を行なう構想もある。スーパーマーケットやガソリンスタンドなどが撤退して生活維持が困難な地域が発生しており、「買い物弱者」は、全国で７００万人程度いるとされる。

自動宅配が普及すれば、買い物弱者の利便性が高まることが期待される。山間地などの過疎地における移動手段が確保されるので、住環境が向上し、過疎化や地方の人口流出に歯止めがかかる可能性もある。他方で、宅配が便利になれば、コンビニエンスストアでの買い物が減ることも考えられる。

また、交通事故の減少や交通渋滞の緩和などの効果も期待される。

個人の自動車利用形態も、自動運転の普及で大きく変わる可能性がある。

日本の自動車の１日あたりの稼働時間はわずか30分程度で、自家用車の稼働率は数パーセントでしかないといわれる。しかし、自動運転車が普及すれば、自動車を個人で保有するのではなく、必要な時にスマートフォンで自動運転車を呼び寄せるという利用法が広がるだろう。目的地に着いたら乗り捨てる。帰宅時には別の車を呼ぶわけだ。

こうなれば、自動車の稼働率は著しく上昇する。したがって、自動車台数は少なくてすむはずだ。自動車の生産台数が現在の何十分の一に減少してもおかしくない。ただし、点検、補修などのメインテナンスに対する需要は激増するだろう。

また、駐車場の需要は激減するだろう。自動車修理工場やガソリンスタンドも、個人が利用するものは需要が激減するだろう。

こうした変化は、公共交通機関のあり方も含めた生活スタイルに、大きな変化をもたらすだろう。求められるのは、「自動車をどう使うか?」ではなく、「自動車や鉄道など様々な輸送手段を組み合わせて、いかなる移動サービスを提供するか?」だ。これは、MaaS（Mobility-as-a-Service：サービスとしての移動可能性）と呼ばれる概念だ。

さらに損保業界にも大きな影響が及ぶだろう。この問題は、第9章の**3**で論じる。

3 AIによる自動翻訳の実力と可能性

音声認識で生活を効率化する

パタン認識の技術の進歩は、われわれの身近な生活にも影響を与えている。

スマートフォンでの検索では、すでに多くの人が音声検索に頼っているだろう。これによって、これまでキーボードを使えなかった人も、ＩＴ機器を使えるようになった。

また音声からテキストを作ることができる。私の場合、文章を書く作業の最初の段階は、いまやスマートフォンに向かって話すことになった。これによって、文章の書き方が大きく変わった。これまでキーボード入力より速く入力できる手段はなかったが、音声認識機能をうまく使うと、もっと速く入力できる場合が多い。

音声入力の最大の利点は、メモを取るのが簡単になったことだ。紙に書いたメモは紛失する可能性が高いが、スマートフォンに残したメモは紛失しない。

音声入力を用いて考えを文字に表わしてしてみると、明確に把握することができる。頭の中にあるだけのアイディアは発展しないが、音声入力でテキスト化されたアイディアは、編集してつぎつぎに発展させていくことができる。

旅行者の会話ならほとんど完全

ＡＩの進歩によって、自動翻訳の能力が高まっている。グーグルが無料で提供している「Google 翻訳」は、スマートフォンで簡単に利用できる。

旅行者が使うような簡単な会話であれば、ほとんど完全に翻訳できる。辞書を引くよりずっと簡単だ。

音声入力ができるし、翻訳された外国語を相手に音声で聞いてもらうこともできる。

とくに便利なのは、質問に対する答えをすぐに日本語に翻訳してくれることだ。これまでは、「駅は、どちらの方向ですか?」などという文章を例文通りに言えても、相手の答えを理解できない場合が多かった。自動翻訳であれば、答えを日本語に翻訳してくれるため、この問題が解決された。

多数の言語との翻訳ができるので、便利だ。特に中国語やロシア語、韓国語など、使う可能性はあるが勉強するのが大変だったものについては、利用価値が高い。

買い物、窓口対応、道案内などで用いる「旅行者のための会話ハンドブック」といった本にあるような会話であれば、AIによる自動翻訳は、すでに実用レベルになっているといえるだろう。

もう一つ重要なのは、医学用語だ。これは、必要な時には大変重要であるにもかかわらず、日常は使わない言葉なので、外国人には分からない。日本語から外国語も、その逆も分からないのだ。これが簡単に分かるようになったことの効果は大きい。

こうして、コミュニケーションの壁はかなり低くなる。これによって、外国人との交流が進むことが期待される。東京オリンピックまでにかなりの翻訳ロボットが町に登場するだろう。

ただし、現在のものが完全とはいえない。問題の一つは、方言などにどの程度対応してくれるかだ。また、スラングも分からない。正式な英語でも、イギリス語が分からないことがある。

長い文章の場合はまだ実用レベルでない

以上は、短い単純な文章の場合である。では、長い複雑な文章や、それらが連続する場合はどうか？

YouTubeにはＶＯＡ（Voice of America：アメリカ合衆国政府が運営する国営放送）が提供している外国人向けの初歩英語番組がある。これは、通常よりずっと遅いスピードで話している。これでテストしてみると、「Google翻訳」はかなりフォローする。しかし、完全ではなく、飛ばしてしまうところもある。しかも、１分間以上は継続しない。

問題は、日本語の訳文がおかしいことだ。いろいろ想像して補って、やっと分かる程度でしかない。

一般のニュース番組のスピードになると、「Google翻訳」の聞き取りは、ついていけなくなる。政治家の演説も、かなりゆっくりした明瞭なものであるにもかかわらず、フォローできない。したがって、訳文を見ても、何のことか分からない。映画となると、とても無理だ。台詞を所々とらえている程度でしかない。

外国語の講演などを「Google翻訳」で聞いている人が多いが、一部分しか把握していない危険がある。

つまり、現在の自動通訳では、言葉の壁がなくなることにはならない。外国で「Google翻訳」を用いていても、片言をしゃべる異邦人としてしか存在できないだろう。その社会の一員になって仕事をすることなどは、到底不可能だ。

だから、通訳者は、しばらくは失業しないで済みそうだ。

ただし、ＡＩの能力は向上する。だから、長い文章についても、将来は実用レベルに達する可能性が大いにある。

では、ＡＩ翻訳の能力が向上すれば、外国語を勉強する必要はなくなるだろうか？

そうではない。いかにＡＩが進歩しても、通訳・翻訳のすべてがＡＩでできるようになるとは思えないからだ。例えば、ダジャレ的なジョークは翻訳してくれないだろう。

また、詩は韻を踏んでいるので、翻訳はほとんど不可能だ。例えば、ゲーテの劇詩『ファウスト』は、英語に訳しただけで価値が減じてしまう。日本語の翻訳で読んでも、筋書きをなぞったことにしかならない。

以上から得られる結論は、「外国語の勉強の必要はなくならない」ということだ。とりわけ、事実上の世界語である英語の勉強は必要だ。通訳を介さずに、直接に意思疎通できる必要がある。また、交渉や発表は自分が英語で行なう必要がある。

英語でのコミュニケーションができないと、日本人は、日本語世界という狭い範囲に封じ込められてしまう。言葉はものの考え方に影響を与えるから、閉じ込もりになってはならない。

「Google 翻訳」を助手に使って外国語を勉強する

ところで、「Google 翻訳」は、外国語を勉強する際のきわめて強力な助力者になる。日本語で文章を入れると、外国語に翻訳し、発音してくれる。日本語と外国語訳が対比して示されるので、正確に意味をとらえることができる。これによって、効率的に勉強を進められる。

これまでも、"Translate this page"というウェブページの翻訳機能があった。ただし、不満足な出来だった。これは、多くの人が経験してきたことだろう。おかしな翻訳なので、かえって分からなくなる。

こうしたわけで、ウェブページ翻訳機能はほとんど実用にならなかった。しかし、最近の「Google 翻訳」の能力は、かなり向上しているように思える。専門的な文献でも実用に近いレベルになっている。

しかも、「Google 翻訳」では、つぎの方法によって、正確な翻訳が得られる。

まず、ある程度長い範囲を訳させる。一部は間違っているが、全体としておよそ何を言っているかは分かる。そこでとくに知りたいところを訳す。すると、正解に近づく。さらに細かく取り出すと、多くの場合は、正解に辿り着く。

専門分野の文献については、こうした「分解法」で、文献をかなりの程度、読みこなすことができる。このようなことは、これまでのウェブページ翻訳機能では、やりにくいことだった。今後、中国語の文献を読む必要が高まるが、「分解法」の活用は重要なノウハウだ。

しかも、日本人には中国語の漢字が、簡字体であってもかなりの程度読めるので、より正確に理解できる。また、どこかを訳していないことなども分かる。そうした場合には、その部分だけを翻訳させると、正しく翻訳する。漢字と対照すると、ほとんど完全に文章を理解できる。しかも、中国語の発音も分かる。

専門的な文献については、正確でさえあれば、微妙な表現のニュアンスはあまり重要でない。AI翻訳で、外国語の文献を読むのが容易になり、これまで日本語の壁で守られていた人々の仕事が奪われるだろう。

これがとくに効果を発揮するのがロシア語だ。キリル文字が読めないので、辞書を引くのも簡単ではないからだ（辞書での配列順序がよく摑めないため）。

4　セマンティック検索ができるようになる

キーワード検索からセマンティック検索へ

現在の検索は、「キーワード検索」と呼ばれる。これは、ユーザーが入力したキーワードが含まれるウェブページを表示する機能だ。

しかし、キーワード検索にはいくつかの限界がある。まず、「知りたいことはあるのだが、その名前が分からない」という場合がある。

検索が難しいのは、検索すべき対象の名前が分からない場合なのだ。

これは、人間の「物識り」に聞けば簡単に答えてくれることだが、現在のコンピュータは、そのような質問に答える能力を持っていない。したがって、「Yahoo!知恵袋」のようなところに質問を出すしか方法がないという場合が多かった。

また、同じキーワードでも意味がまったく異なるという場合がある。この場合、ユーザーがどちらの意味で尋ねているのかを、判別する必要がある。

ところが、最近、検索に関して大きな変化が生じつつある。それは「セマンティック検索」の登場だ。ＡＩによるセマンティック検索は、以上のような点を克服してくれる。

セマンティック検索とは、「意味的（semantic）な検索」ということであり、ＡＩが検索キーワードの意味を理解し、本当に必要な情報を選んでくれる技術だ。

これによって、キーワードが分からない場合においても、知りたいことをコンピュータが理解し、それを探してくれるという検索が可能になりつつある。

現在すでに、ウェブの検索において、このような検索は部分的ではあるが、行なわれている。

音声検索とセマンティック検索で検索が変わる

セマンティック検索に加え、音声検索が可能になっている。例えば、スマートフォンを利用している時に、「OK Google」、または「Hey Siri」と呼びかけて知りたいことを話しかければ、（検索ウインドウを開いて文字を打ち込まなくとも）直ちに結果を教えてくれる。例えば、「平成16年は西暦何年か？」というような質問に対して、直接答えを教えてくれる。

音声検索と並んでセマンティック検索が行なわれるので、検索作業が著しく簡単になった。

簡単な例で言えば、スマートフォンにアラームのセットを頼む場合、話し方は、決まった形式のものでなくても構わない。「7時に起こして」と言っても、「7時にアラーム」と言っても、「8時間後に目覚まし」と言っても、コンピュータは同じ意味であると理解してくれる。路線の所要時間検索の場合もそうだ、出発点と終着点さえきちんと言えば、あとの表現はかなり自由にすることができる。

　これは、コンピュータが、キーワードを認識しているのではなく、話している人の意図を理解していることを意味する。つまり、単なるキーワード検索ではなく、セマンティック検索に対応する技術が用いられているわけだ。

　もっと複雑な場合のセマンティック検索は決して容易な課題ではないが、ＡＩによって急速に進歩している。

　インターフェイスが改善されると、個人でもコンピュータを使うことが容易になる。「コンピュータを使えない」というのは、キーボードから入力しないと受け付けてくれない、一定のルールにしたがわなければならない、という二つの制約があるからだ。

　コンピュータが高級な機械だから使えないのではなく、コンピュータの理解能力が劣っているから使えないのだ。それが改善しつつある。

第3章

AIができること(2)
プロファイリングとフィルタリング

1　プロファイリングによる広告

プロファイリングとは何か？

第2章で述べた「パタン認識」は、「人間なら簡単にできることを、コンピュータもできるようになった」ということだ。その意味では、「コンピュータがやっと人間並みになった」と言っても良い（ただし、処理スピードが人間より速いこと、大量の作業ができること、などがあるので、人間が行なうより効率的である場合も多くなる。また、人間よりコストが安いこと、何時でも使えること、などの利点もある）。

では、「人間では不十分にしかできないことを、コンピュータならよりよくできる」という分野はないか？　人間がやってもできないわけではないが、不正確であったり、時間がかかったりする。それをＡＩならもっと正確に、迅速に行なえるという分野だ。

そうした分野は、確かにある。本章では、そうした技術について述べる。

その第一が、「プロファイリング」だ。これは、もともとは、犯罪捜査で、犯罪の特徴などから犯人像を割り出す方法のことだった。

最近では、ＡＩが個人像を描き出すための手法を指すことが多い。

この目的のために、検索履歴やSNSのデータ、ブログなどの媒体を通じて発信される大量の非構造化データ（つぶやき、音声、画像など）などのビッグデータを分析する。

プロファイリングが正確にできるようになれば、個人の性格や嗜好、意見などを推測したり、個人の行動を予測できるようになる。したがって、様々な場面で個人個人に合わせた対応が可能になる。

広がるプロファイリングの応用

この技術が最初に用いられたのは、広告の分野だった。ユーザーの個性に合わせ、一人一人の好みに合わせて広告を出すのである。

最近では、広告以外にもプロファイリングの応用が広がっている。選挙にも利用された。政治的なメッセージを、誰に対しても同じものを送るのではなく、個人に応じたものを送るのである。

フェイスブック（Facebook）の個人データが不正な方法で取得され、アメリカ大統領選挙で用いられたのではないかということが、２０１８年3月に報道され、大きな話題となった。この時に問題となったのは、データの取得方法である。不正取得は確かに問題だが、「データサイエンスの進歩によって、データからプロファイリングすることが可能になっている」という点が重要だ。これについて、本章の**2**で述べる。

プロファイリングの技術は、保険でも利用されている。自動車にセンサーを搭載し、運転の状況によって保険料を変える自動車保険がすでに提供されている。また、血液検査などのデータから、保険金の支払いを自動的に変える保険も登場している。これらについて、**3**で述べる。

金融機関が融資の判断に個人の信用度を算出する試みも始まっている。また、医師に代わって病気を診断することも試みられている。

プロファイリングで成長したグーグルやフェイスブック

プロファイリング技術を事業活動にどれだけ応用できるかが、企業の発展にとって重要な意味を持つようになっている。事実、グーグルやフェイスブックは、プロファイリングを用いた広告によって急成長してきた。

グーグルの検索履歴や、フェイスブックの「いいね！」のデータから、その人がどのような人であるか推測できる。そのデータを用いて、個人個人に合った広告を送るのだ。ネットフリックス（Netflix：アメリカのオンライン映像配信会社）も、同様の手法で映画のレコメンデーション（推薦）を行なっている。

グーグルの広告料収入は、従来の広告代理店の広告収入とは違って、高度の技術に支えられている。グーグルの広告の効率が良いのは、それが検索連動広告になっているからである。グーグルによる検索連動広告には、2種類ある。第一は「アドワーズ広告」と呼ばれるもので、検索結果が示される画面に表示される。

第二は、「アドセンス広告」であり、これは、一般の人々が書いているウェブページに広告を出すものだ。ページの作成者は、ブログやホームページに広告を貼り付けて収入を得る。こうして、ウェブページの作成者は、ウェブの情報を有料で売ることができなくても収入を得ることができる。

アドセンス広告は、ウェブにおける情報発信のビジネスモデルに大きな影響を与えた。これによって、課金型モデルではなく、広告収入型モデルが支配的になったのである。

レコメンデーション

「レコメンデーション」とは、ユーザーが望んでいると考えられる情報を提供するサービスだ。AIが、「あなたが知りたいことはこれでしょう」とか、「あなたが欲しいものはこれでしょう」というように判断して、情報を提供するのである。

デジタルコンテンツの配信では、求めるものを探すための仕組みが必要だ。最もよく知られているのは、書籍などを販売するサイトであるアマゾンのレコメンデーションだ。

アマゾンで本を選択すると、「よく一緒に購入されている商品」「この商品を買った人はこんな商品も買っています」として、いくつかの書籍が表示される。

ユーザーの購買履歴を分析して、購買パタンが似ている他のユーザーを探し出す。そして、購買商品を比較して、「他のユーザーが購入しているが当該ユーザーが購入していない商品」を勧める。これは、「協調フィルタリング」と呼ばれる手法だ。

動画サイトのYouTubeでも、関連動画が示される。

ネットフリックスのレコメンデーションは、コンテンツの中身のデータを分析して、一人一人の好みに合ったものを見つけ出すことができるシステムだとされる。

ＡＩを用いて、映画のシナリオから興行成績を予測することも可能になってきている。さらに進んで、「どんなシナリオにすればヒットするか」というアドバイスも行なうようになっている。

ターゲティング広告

以上で述べたものは、ターゲティング広告（「狙いを定めた広告」）と呼ばれる。

ターゲティング広告は、配信対象ユーザーを区切り、各々の区切りごとに最適と考えられる広告を届けることだ。これは、「セグメンテーション」と呼ばれる手法だ。

これが重要であることは、昔から知られていた。ただし、問題は、セグメンテーションを行なうための有効な手段がないことだった。インターネットの登場によって取得できるユーザー情報の量が飛躍的に増加したため、より正確なセグメンテーションとターゲティングができるようになったのだ。

行動ターゲティングとは、インターネットでサイトを巡回しているユーザーの行動履歴をもとに、興味・関心のある広告を配信する方式だ。行動履歴の取得は、クッキーなどによって行なわれる。(注)

最近では、過去に見たサイトや購買履歴を分析し、好みや関心に合わせて最適な広告を打つことができる。例えば、天気予報アプリが記録していた位置情報を活用し、外部から購入した車検データや国勢調査データを組み合わせて、利用者の特性を割り出す。そして0・1秒以内に最適な広告を打つことができる。

なお、アメリカでは、16年にネット広告費がテレビを上回った。日本でも、ネット広告全体はすでに地上波テレビの約8割になっており、数年以内にテレビを上回ると見られている。

(注)「クッキー」とは、ウェブサイトがユーザーのPCに保存する小さなファイル。ユーザー設定についての情報を保持し、サイトにアクセスする際のサインインを省略可能にしたりする。しかし、クッキーを用いて、ユーザーがアクセスするサイトを追跡し、プライバシーを侵害するおそれもある。

広告の機能が向上し、収益が上がる

広告の分野では、個別データを識別できれば、機能が向上し、収益が顕著に上がる。

これまでは、例えば「この年齢層の女性ならこれが好み」という程度の区別しかできなかった。ところが、検索エンジンの履歴を参照すれば、個人の細かい事情や嗜好に応じて広告を打てる。魚のいるところに網を投げるのと同じなので、従来の広告に比べて効率が格段と高い。グーグルの検索連動広告は、このような技術に支えられている。フェイスブックの広告も、投稿される個人情報を利用して、効率の高い広告を行なっている。

従来からデータは用いられてきたが、多くの場合に、平均値などの集計量だ。右に述べたのは、データ処理能力の向上によって、「平均値からの脱却が可能になった」ということだ。

日本のコンビニエンスストアは、ＰＯＳデータを活用した購買行動分析によって、利益率を向上させた。最近では、電子マネーのデータを活用して、ＡＩによって顧客の動向を個人ベースで把握し、それに応じた品揃えや展示の方法を考えるようになっている。

平均値戦略から脱却することができた企業が成長している。「平均値からの脱却」は、すでに新しい産業を作っているのだ。

消費者の立場からは問題もある

ビッグデータなどの新しいデータを活用する経営は、一般に「データドリブン（データ駆動型）経営」と呼ばれる。右に述べた分野以外でも、様々な分野でこの方式が導入されている。秘密にされている情報を使うのではなく、オープンにされている情報を大量に集めて分析する。だから合法だ。しかし、様々な問題があるし、危険な面もある。

まず、データドリブン経営の多くは、企業が利益率向上のために導入するものだ。それは、他方において、プライバシーの侵害などの問題もはらむ。

また、これらのサービスは、需要者の細かい要求に応えるということでは必ずしもない。それは、ロングテール的な需要（多くの人の需要とは異なる、少数者の需要）に対応したり、きめ細かいサービスを提供したりすることと、必ずしも同じではない。

実際、個別事情への対応が求められているにもかかわらず、なされていない分野は多い。

例えば、医療では、「個別化医療」（あるいは、テーラーメード医療、プレシジョン・メディシン〔精密医療〕）が必要と言われる。これは、患者一人一人の事情を考慮した治療だ。DNA解読技術の進歩で可能になるとされる。しかし、コストがかかるので、簡単には導入できない。

同じことが教育についても言える。本来は、個人のニーズに合わせたカリキュラムの個別化（ブレンディッドラーニング）が望ましい。しかし、やはりコストがかかるので難しい。

また、「知らないうちに誘導される」という問題もある。イーライ・パリサーは、『閉じこもるインターネット――グーグル・パーソナライズ・民主主義』（早川書房、2012年）で、「検索履歴を参照する結果の順位付けなどによって、人々は偏った情報を入手する」と指摘した。パリサーは、これを「フィルターバブル」と呼んだ。

人々は、すでにレコメンデーションによって、企業が望むように誘導されているのかもしれない。こうした問題を監視することも必要だ。

2　フェイスブックのデータで人格を推定する

フェイスブックの個人データからプロファイリング

2018年3月に、フェイスブックの個人データが不正な方法で取得され、アメリカ大統領選挙で用いられたのではないかと報道され、世界的な大問題となった。

報道によれば、トランプ陣営が契約していたデータ分析会社ケンブリッジ・アナリティカ（CA）が、フェイスブック利用者約5000万人の個人情報を不正収集していた。CAは、データから様々な情報を引き出した。トランプ陣営は、CAの分析結果を選挙戦に利用したというのだ（選挙戦で用いた手法については、後述する）。

ＣＡの分析は、ケンブリッジ大学（現在はスタンフォード大学）教授のマイケル・コシンスキイが行なった研究をもとにしたものだった。これは、フェイスブックで人々が何に「いいね！」をつけているかを分析してプロファイリングを行なう研究だ。

この成果は、２０１３年４月、米国科学アカデミー紀要（ＰＮＡＳ）に発表されている。

両親や配偶者が把握しているより正確に、人格が分かる

図表３－１に、コシンスキイの分析を示す。

左半分にあるのは、データだ。５万８４６６人について、５万５８１４のウェブサイトに関する「いいね！」の状況を示している。例えば、①のユーザーは、アートとＣＮＮのサイトには「いいね！」をつけているが、ＢＭＷのサイトには付けていない。

コシンスキイは、このデータをそのまま用いるのではなく、これらのデータをコンポーネント（Component）と呼ぶ変数に変換している。これが右半分に示されている。これによって、説明変数の数は１００個に減少する。

そして、コンポーネントを説明変数にして、「人種」「性別」「政治的志向」「宗教」などを説明する回帰モデルを推定する（「回帰モデル」については、第5章の**2**で説明する）。

	フェイスブックの「いいね！」				コンポーネント変数			
ユーザー	アート	CNN	BMW	……	C_1	C_2	C_3	……
①	1	1	0	……	1.5	0.7	0.9	……
②	0	1	1	……	0.3	0.4	0.2	……
③	1	0	0	……	1.2	1	0.6	……
⋮		……				……		

資料：Michal Kosinski, David Stillwell, and Thore Graepel, Private traits and attributes are predictable from digital records of human behavior, *PNAS*, April 9, 2013.

図表3-1　コシンスキイの分析

分析の目的は、あるユーザーについての「いいね！」のデータから、その人の人種、性別、政治的志向、宗教などを推測することである。

結果は、つぎのようなものだった。

コーカサス系（白人）かアフリカ系（黒人）は95％、男女は93％、民主党支持か共和党支持かは85％、キリスト教徒かイスラム教徒かは82％などの確率で、それぞれ区別できた。

ゲイ（88％）とレズビアン（75％）も特定できた。また、喫煙（73％）、飲酒（70％）、薬物使用（65％）、パートナーの有無（67％）も判別可能。

この方法によると、両親や配偶者が把握しているより正確に、人格が分かるという。

これらの中には、公表していないものもあるだろう（例えば、同性愛志向、あるいは薬物使用）。しかし、何に「いいね！」をつけているかを分析すれば、分かってしまうのだ。

また、両親の離婚は若者に大きな長期的効果を与えることが知られているが、これについてもこの分析で予測できたのは、注目すべきことだ。ただし、予測の精度は60％と、あまり高くはなかった。

興味深い発見がいくつもあった

ケンブリッジ大学の研究レポートDigital records could expose intimate details and personality traits of millions（２０１３年３月）によれば、コシンスキイの分析には、興味深いことがいくつもある。

まず、明らかに相関がありそうな関係と思われるのに、分析の結果、そうでないと判定されたものがある。例えば、ゲイの５％しか、同性婚のサイトに「いいね！」をつけていない。

人格を示すのは、音楽やテレビ番組の好みなど、もっと広範で、一つ一つはあまり重要でないデータの集まりなのだ。例えば、「ゴッドファーザー」「モーツァルト」「指輪物語」といった映画を好む者の知能指数が高い。

この結果は納得できる。しかし、一見したところ何の関係もないように思われるものが、強い相関を示すことがある。

例えば、カーリーフライ（Curly Fries：カールしているフライドポテト）の投稿に「いいね！」をつけるのは、ＩＱの高い人が多い。

また、「その蜘蛛は、君よりも怖がっている」（That Spider is More Scared Than U Are）というウェブページに「いいね！」をつけるのは、非喫煙者が多い。

このような相関があるという仮説を、理論モデルから導くことは、到底できないだろう。これらは、大量のデータをコンピュータで分析したことによって得られたものだ。なぜこのような相関があるかを説明することさえ、難しい。

相手に応じたメッセージを送ればきわめて効果的

一般に、選挙戦では、有権者がどういう意見を持っている人が分かれば、その人に向かって効果的なメッセージを送ることができる。これは、本章の**1**で述べた「セグメンテーション」だ。

まずは、年齢、性別、居住地などの人口学的なデータを集める。しかし、それだけでは十分でない。収入などのデータや、趣味などの心理学的なデータをミックスすることが重要だと言われてきた。しかし、これまでは、そうしたデータの入手が難しかった。

それが、ＡＩによるプロファイリングによって可能になったのである。

アメリカ大統領選挙でトランプ陣営が契約していたのが、データ分析会社ケンブリッジ・アナリティカ（CA）だ。同社がフェイスブック利用者の個人情報を集めてプロファイリングを行なった。

CAのシステム開発担当者は、コシンスキイのグループの研究成果に触発されたと述べている。そして、アプリを用いてデータ収集を行ない、分析したのだ。これを用いてトランプの陣営は、大統領選挙において、セグメント分けされた対象ごとに異なるメッセージを送っていたと言われている。

CAは、「個人の性格を切り口にして一人一人の有権者に対してターゲット広告を打つほうが、マスメディアでブランド・イメージを形成しようとしたり、人種、年齢、地域、所得などの大雑把な属性でキャンペーンを考案したりするより、遥かに効果的だ」と言っている。

トランプ陣営が実際にどのようなメッセージを送っていたのかは分からないが、つぎのような想像ができる。

例えば、保護貿易主義的な政策をアピールしたいとしよう。失業して政府に不満を持っている人には、煽情的なアメリカ第一主義のメッセージを送る。民主党支持だがクリントン候補は好かないという人には、クリントン攻撃のメッセージ。そして、知的水準の高い人には冷静な分析的メッセージ、といった具合だ。

プロファイリングで個人の生活が脅かされる危険

ところで、フェイスブックのデータを選挙戦に用いる手法は、２０１６年の大統領選で初めて登場したものではない。同じ手法は、すでに２００８年と２０１２年の大統領選挙でオバマ陣営が用いていたと言われている。

まず、選挙資金の集め方についてビッグデータが活用された。その結果、ある資金集めパーティーでは、一晩で１５００万ドルの寄付を集めた。ウェブサイトのデザインにも用いられた。トップページの写真をオバマ単独から家族に変更するなどしたところ、寄付金が40％も増加した。さらに、テレビコマーシャルの放映についても分析が行なわれ、その結果、テレビコマーシャルの費用対効果比は、前回選挙に比べて14％も上がった。

この時には、ＣＡが行なったのと似たデータ収集が行なわれたという。当時フェイスブックはこの方法を許容していた。あまりに多数の個人データを吸い上げられていることを知って、フェイスブックは驚いたが、それを止めようとはしなかった。フェイスブック自身も、似たような方法でユーザー解析を行ない、広告を行なって利益をあげているからだ。

ケンブリッジ・アナリティカの事件では、データ入手方法の是非が論じられている。それはもちろん問題だが、問題の本質は、ＳＮＳを利用していると、両親や配偶者さえ把握していない重要な個人情報を、知らぬ間に把握されてしまうということである。

コシンスキイ自身が、前述のＰＮＡＳ論文の中で、プロファイリング技術の危険性について指摘している。

本人の承認もなく本人への通知もなしに、こうした技術が用いられる危険があるからだ。政府や企業は、その人の知性、性的志向、政治的意見など、他人に知られたくはないことを知ることができる。フェイスブックでの「お友達」でさえ、ソフトウエアを使って、こうした分析ができる。こうしたことによって、個人の生活が脅かされる危険があるのだ。

それを可能とするようなデータ分析の手法が発達しているのだ。これをどう評価すべきかが、論じられなければならない。

3　採用選考や信用度の評価にＡＩを活用

ＡＩによる採用選考

採用選考にＡＩを活用する動きが広がっている。

すでに導入している企業として、ソフトバンク、リクルートグループ、サッポロビール、住友生命などがあると報じられている。従業員数５０００名以上では、ＡＩ導入の移行がある企業が4分の1程度になっているという。

ソフトバンクでは、２０１7年から、新卒採用のエントリーシート（ＥＳ）の選考に、ＩＢＭのＡＩワトソンを活用している。過去に学生が提出した数年分のＥＳから「合格したＥＳ」と「不合格だったＥＳ」を１５００件取り上げ、それぞれの特徴を学習させた。その結果に基づいて受験者のＥＳの合否判定をしたところ、採用スタッフの合否判断とほぼ同じになったという。

これによって、ＥＳ処理に掛かる時間を75％削減することができた。これまでの方法だと、大量のエントリーシートを読むことが大変な仕事になっていた。このため、大学名でフィルターを掛けるようなことも行なわれていた。ＡＩを導入すれば、全員のエントリーシートを読むことができるようになる。

また、書類選考の時間が削減できて浮いた時間を面接などに活用することによって、適性や才能などをより詳しく調べられるともいう。

現在のところ、ＡＩが担当しているのは、エントリーシートなどの書類選考だ。そして、行なっているのは、過去に合格したＥＳと同じ特徴を持つと判断されたＥＳを面接試験に回すことだ。

こうしたことを行なうには、過去に優秀な人材を採用した事例が沢山なければならない。それがなければ、ＡＩに学習させることはできない。中小企業や新興企業の場合には、こうしたデータは十分とはいえない。

また大企業であっても、現在の方法でできるのは、「これまで採用してきたタイプの人材」を見出すだけのことだ。そうしたタイプの人材が、本当に望ましいかどうかは、まったく別の問題である。

また、現在行なわれているのはエントリーシートの審査であり、採用プロセスのごく最初の段階における「ふるい分け」である。

これより進んだ段階への応用を試みるとすれば、データの問題は、より深刻になる。採用された人材が企業にどのような貢献をしたかを示すデータが必要だ。そうしたデータを学習させなければ、その企業が「求める人材の条件」をＡＩが学習することはできない。

そうしたデータなしに単なる数量化を行なっただけでは、ＡＩを採用選考に活用することはできない。

スポーツでのＡＩの活用

ＡＩは、スポーツ界でも利用されている。

PECOTAは、アメリカのメジャーリーグベースボールに所属する野球選手の将来の成績を予測するアルゴリズムだ。経営コンサルタントだったネイト・シルバーが２００３年に完成させた。第二次大戦後のほぼ全員のメジャーリーガーやマイナーリーガーと、現役のプロ野球選手を比較することで算出する。

個別の選手成績を予測するために使用されているが、チーム成績の予測にも適用された。若手選手の発掘やスカウトにも利用されている。

最近では、オリンピック競技の審判への応用が試みられている。

２０２０年の東京オリンピックでは、体操競技・フィギュアスケートなど10競技の採点をＡＩが行なうことが決まった。選手の動きとＡＩが持つデータベースと照合して判定を出す。これによって、人間の目では見落としやすいルール違反や、審判員による点数の偏りなどがなくなり、正確な採点が可能になるとされる。例えば、アーティスティックスイミング（シンクロナイズドスイミング）では、演技中にプールの底を蹴ると減点の対象となるが、審判が見えない場合もある。また、選手が難しい技を行なっているのに審判が見えないといったこともあるようだ。これらが改善される。ただし、こうしたことは、ＡＩの活用というよりは、より広義のＩＣＴ（Information and communications technology：情報通信技術）の活用というべきものかもしれない。

なお、ＡＩで選手の持つノウハウを共有し、経験や技術を伝達することが容易になるとも言われる。ジュニア選手のデータを集めて、将来伸びそうな選手を見いだすこともできるようになる。

信用度のスコアリング（評点付け）

同じような試みが、銀行業務にも広がっている。ＡＩが個人の信用度を算出し、それを与信審査に用いて融資を行なうのだ。

アメリカでは、多数のベンチャー企業が、すでにＡＩスコアレンディングのサービス提供を始めている。

また、アマゾンには、大量の取引情報がビッグデータとして蓄積されている。このデータをＡＩで解析することによって、アマゾンに参加している法人販売事業者を対象とする融資が２０１１年から開始されている。これは、「Amazon レンディング」と呼ばれる。

中国では、アリババの関連会社、アント・フィナンシャルが15年1月に始めた「芝麻（ゴマ）信用」が、学歴、勤務先、資産、返済状況、人脈、行動の5つの指標の組み合わせで信用度を計算し、９５０点満点で評価する。高スコアだと、レンタカーやホテル宿泊で保証金が不要になるなどの恩典もある。

芝麻信用のスコアだけで無担保融資をする業者も出てきている。趣店《チューディエン》（Qudian）というスタートアップ企業は、ビッグデータを利用することによって、個人の信用を識別する消費者金融を開発した。「フィンテック１００」（Fintech100）は、KPMGとH2 Venturesが共同で作成する世界で最も成功しているフィンテック企業を紹介する年次報告書だ。その２０１７年版において、アント・フィナンシャルが世界第1位、趣分期が世界第3位となった。

ＡＩによるスコアリングは、このようにビッグデータの分析によって人々の行動を推測しようとするものだ。このため、クレジットスコアが整備されておらず、融資の基準や担保の仕組みが確立されていない新興国においても、信用力を審査することができる。

中国では、5億人の人が信用履歴を持っていないといわれる。しかし、中国でもビッグデータは利用できる。したがって、対象者が大きく広がることになる。

日本でも始まった個人信用スコア

日本では、みずほ銀行とソフトバンクが共同出資するＪスコアが、ＡＩによる与信スコアリングを２０１７年9月に始めた。登録すれば融資を受けなくてもＡＩスコアを出せる。

質問は全部で約１６０問。居住地や職種、年収、家族構成などの基本的な情報の他、年収や趣味、性格などの情報をスマートフォンで入力する。

最高１０００点のスコアが算出され、６００点以上のスコアの人には、金利などの貸し付け条件が提示される。点数が高ければ年1％を下回る低金利で借りられる。

スコア算出は、みずほ銀行とソフトバンクが持つ個人融資や携帯料金の支払い実績などのデータをもとに設計されているという。

この方式だと、入力データを変更するだけで信用スコアは変わる。例えば、住居を持ち家にし、年収を多く申告すれば、スコアは上がるだろう。

ただし、これは、事前に与信枠の目安を把握するためのものだ。実際に借りる場合は、改めて正式に与信審査を依頼し、書類の提出などの手続きを行なう。

スコア取得者は約30万人、貸付残高は約100億円に上るとされる。

Jスコアは、2018年10月から、個人の信用ランクについて、本人の同意を得たうえで提携先企業も利用できるようにすると、日本経済新聞（2018年9月3日）が報じた。百貨店などは開拓したい顧客層を絞り込みやすくなる。

４　平均値でなく、個人ごとに異なる対応

テレマティクス保険

ＡＩによるプロファイリングは、保険でも利用されている。それは、「テレマティクス保険」と呼ばれるものだ。

自動車にセンサーを搭載し、運転状況を詳細にモニターする。これによって、契約者の運転状況を把握できる。そのデータに基づいて、契約者ごとに保険料率を異なった値に設定するのだ。

アメリカやイギリスではすでに導入が進んでおり、２０２０年には契約件数の約3割を占めるものと予測されている。

テレマティクス保険には、走行距離連動型と運転行動連動型がある。後者では、アクセルやブレーキの踏み方などの運転情報を取得し分析する。損害保険ジャパン（現・損害保険ジャパン日本興亜）が提供する「ドラログ」は、走行距離連動型だ。同社は、運転診断結果に応じて保険料が最大20％割引となる「運転挙動反映型テレマティクス保険」の提供を17年に開始した。

新しい医療保険

同じことが医療保険でも試みられている。

中国の衆安保険は、糖尿病患者を対象とした新しい医療保険を提供している。これは、テンセントが開発したタッチパネル式測定端末で血糖値のデータを取り、規定値を下回れば、保険金が増額される保険だ。

日本でも、第一生命が保険に医療ビッグデータを取り入れようとしている。これが実用化されると、病気を患っていたとしても、一定の条件下なら加入が可能になるという。日本生命も、ＡＩの導入を表明している。顧客が人間ドックで受診した診断結果のデータのうち、特定の項目を抽出する。診療報酬明細書も対象項目に広げていき、集めたデータをＡＩが処理する。

モラルハザードを克服できる

これまで、様々な場面で、平均値による対応しかできなかった。こうした世界では、個人は「平均値の影」に隠れることが可能だった。

保険の場合も同じである。これまでの保険では、統計的な手法を用いて保険条件を設定していた。それは、大雑把に言えば、「平均値の世界」だった。実際、これまでの保険の条件は、大まかな括りでしか決まっていなかった。自動車保険では、年齢、事故の履歴、免許証の種類などが、生命保険では、健康状態、病歴、年齢などが考慮されるのみだ。

このような保険で生じる深刻な問題は、「モラルハザード」だ。これは、「保険によって守られているので、危険への対処が疎かになり、契約者が十分な安全策を取らない」という問題である。

例えば、過去の事故履歴程度のデータ参照では、乱暴運転をやめない人が多い。その結果、保険金の支払いが多くなり、料率が高くなってしまったり、保険事業の採算が悪化したりする。同じことが保険以外でも生じ、粗悪品が横行する。これは、経済学者のジョージ・アカロフが、「レモンの市場」という論文で分析した問題だ。

ところが、ＡＩプロファイリングの進歩によって、個々の対象についての個別状況が識別できるようになると、保険料率や保険金を個人によって異なる値に設定できるようになる。そうなると、人は「平均値の影」に隠れることができなくなる。

これまで「平均というベール」に隠されていたものが、あぶりだされる。電気料金を定額制から従量制にすれば、過剰使用が制御できるのと、同じことだ。

個別の状況が保険の条件に反映されて努力が評価されれば、状況が改善されるだろう。

自動車保険の場合、優良運転手の保険料は安くなり、乱暴運転手の保険料は高くなる。だから、人々は注意して運転するようになる。モラルハザードが減少し、保険料を全般的に引き下げられるだろう。また、保険会社の採算は改善する。

医療保険では、人々は、これまでより健康管理を心がけるようになる。また、医療費や医療保険の支払いが節約される。

あるいは、防火施設を整備すれば火災保険料が安くなる保険も考えられる。火災が起きにくくなれば、火災保険の支払いが減り、事業採算が向上するだろう。

こうして、保険業が大きく変化しようとしているのだ。

新種保険を導入しただけで済むわけではない

ただし、モラルハザードを本当に克服するためには、自動車のセンサーやウェアラブル端末からデータを集めるだけでは十分でない。それらを適切に評価し、保険料率に反映させることが重要だ。

そのために、様々なデータを用いて正しい評価をする必要がある。これを実現するには、ビッグデータの利用が必要になる。

全体としての保険料率が下げられるか。そして、本当に努力をしている人が報われるような保険ができるか。こうしたことが実現できるかどうかは、まだ分からない。

つまり、新種の保険を導入したというだけでは十分でないのだ。重要なのは、その保険の内容をどのようなものにするかなのである。

5　フィルタリングや分類

迷惑メールのフィルタとして利用

「人間では不十分にしかできないことを、コンピュータならよりよくできる」という分野の第二は、フィルタリングや分類である。

例えば、現在のメールサービスでは、スパムメール（迷惑メール）が効率的に排除されている。これは、ＡＩを用いたフィルタを用いて、自動判定しているからだ。

このフィルタは、メールに含まれている言葉を見て、あるメールが迷惑メールかどうかを判定する。もしその可能性が一定率以上なら、迷惑メールだと判断して、削除することにする。

この問題は、第5章の**4**で述べる「ベイズのアプローチ」で分析することができる。

そこで説明するように、迷惑メールの確率、「キャンペーン」という言葉がメールに含まれている確率、そして、「迷惑メールにキャンペーンという言葉が入っている確率」が分かれば、「ベイズの定理」という公式を使って、「キャンペーンという言葉が入っているメールが迷惑メールである確率」を計算することができるのである。

医療における自動診断

第5章の**5**で説明するように、ベイズのアプローチは、「原因 ↓ 結果の確率が知られている時に、結果 ↓ 原因の確率を知る」ための手法だ。

ところで、医療においては、病気が「原因」であり、症状が「結果」だ。したがって、ベイズのアプローチを用いることにより、症状から病気を探ることができる。

医師が経験と診療データに基づいて診断するのと同じことを、ＡＩが自動的に行なうのだ。症状、検査データ、患者の申告などのデータを与えて、病気を判定する。

医療以外の分野では、機械修理のための自動診断プログラムが作られている。エキスパート修理者の経験などの聞き取りから作ったデータを読ませると、自動的に学習してネットワークを作ってくれる。症状を入力すると、原因を推定する。これによって、初心者でも迅速かつ正確に対処できるようになる。

データを常時更新していれば、異常を事前に予知することができるだろう。こうして、データ駆動的な運営が可能になる。そうなれば、事故が起こってから対応するのではなく、事前に対処することができる。日本では、社会資本の維持補修がこれから重要な課題になるが、事前対応型の採用は重要な課題だ。

企業経営に応用すれば、状況変化に敏速に対応する経営が実現できる。

ＡＩの助けを借りて不正会計を検知する

会計士の仕事で重要なのは、会計処理が「適正」か「不適正」かの判断をすることだ。とりわけ、企業が粉飾決算などの不正会計を行なっている場合に、それを発見することだ。

不正会計とは、売り上げの架空計上や費用の先送り、取引データの改ざんなどを通して、業績や財政状況を良く見せようとすることだ。オリンパスや東芝など、日本を代表するとされていた大企業で発覚した。

不正会計処理の発見において、人間とＡＩのどちらが優れているだろうか？　これまでの経緯をみると、監査法人が不正会計処理を発見できなかったという問題があった。例えば、東芝の監査を行なっていた新日本監査法人は、２０１５年に発覚するまで、東芝の不正会計を６年間も見抜けなかった。

不正が見過ごされてしまう一つの原因は、監査の際に、限られた時間内に、すべての財務データに目を通すことは不可能だからだ。このため、重要性の高い高額の取引や無作為に抽出した取引だけを検証することになる。すると、対象にならない取引に不正があった場合には、発見が難しい。

そこで、ＡＩを用いて不正会計を防止する取り組みが進んでいる。ある大手監査法人では、過去5年分の上場企業の財務諸表データをＡＩの機械学習に使用し、監査対象が不正会計を行なっているか否かをＡＩで見出す取り組みを始めている。

ＡＩを活用すれば、全財務データを分析することも可能だ。そして、勘定科目間の相関の検証だけでなく、財務データと営業や業務などの非財務データの相関から、異常点を抽出することもできる。

これによって、これまで監査で想定されていなかったパタンの不正を発見できる可能性もあるだろう。

具体的には、つぎのようなことが行なわれる。

まず、過去の不正会計のデータを集め、様々な不正のパタンをＡＩに学習させる。

つぎに、機械学習を用い、何万パタンにもおよぶ会計仕訳から、収益の過大計上や費用の過少計上などの異常な仕訳のパタンをＡＩが認識する。

また、仕分けの作成者と承認者が同一人物、作業時間が深夜や休日、決算期末直前に多額の収益が計上される、等のケースも問題視される。

不正を行なう動機の分析も行なわれる。数値だけでなく、文字などの非構造化データも分析の対象となる。使われる単語の頻度などから、不正の可能性を検出する。あるいは、従業員の操作ログを分析して不正の兆候を摑むことも行なわれている。

金融不正取引の検知

どんな分野にも不正行為はあるが、金融の場合には、情報を操作するだけで巨額の不正が行なえるので、とくに問題だ。

このため、金融機関は、不正行為の検知と防止のために、大量の人材と多額の費用を投入してきた。

ところが、これまで、精度はあまり高くなかった。その原因は、第一に、分析の対象となるデータ量が大きすぎて不正取引の特徴を正確に把握できなかったこと、第二に、新しいタイプの不正が発生した場合、その特徴を把握してモデルを修正するまでに時間がかかることだ。

そこで、ＡＩによる不正検知が威力を発揮することになる。

これには、スコアリング（評点付け）やフィルタリングの手法を用いる。

過去に不正と判断された取引や、怪しいと疑われた取引のデータを集める。クレジットカードの場合には、利用店舗、利用時間、利用額などを分析することによって、個々の取引に不正度を示すスコアをつける。スコア値が高いものは、不正取引の疑いが高いと判断されることになる。

あるいは、第5章の**3**と**4**で説明する「決定木」や「SVM（Support Vector Machine）」などの分類手法も用いられる。

AIは、大量のデータを機械学習で処理することによって、不正取引を検知する。このため、人間が行なうよりもずっと精度の高い不正検知が可能になる。また、AIは自動的にデータを分析するため、モデルも随時更新され、新しいタイプの不正取引につねに対応することができる。


検知の対象となる不正取引として想定されているのは、クレジットカードやキャッシュカードの不正利用、保険金の不正請求、不正取引、振込詐欺などだ。

クレジットカードの場合、ICチップが使用されるようになったので、カード自体のセキュリティは向上した。しかし、ネットショッピングでは、カードがなくても、番号さえ分かればクレジットカードで決済できる。このため、番号情報を盗み取る不正行為が増えた。

クレジットカード会社大手のアメリカン・エキスプレスやVisaは、機械学習を用いる不正検知を行っている。Visaの推計によれば、機械学習の導入によって、年間20億ドルの不正取引を未然に防ぐことができた。日本でも、大手クレジットカード会社が機械学習の有用性の検証を行なっている。

自然災害に対するデータ分析が必要

２０１８年6月28日から7月8日にかけて、台風7号と梅雨前線の影響で、西日本を中心に全国的に広い範囲で集中豪雨があり、２００人を超える死者・行方不明者が出た。

この災害は、高齢者の死亡が多かったと報道された。これは重要な情報だ。ただし、救助体制と関連付けるには、これだけでは不十分で、なぜ高齢者の死亡率が高くなるのかを知る必要がある。

こうなるのは、高齢者には体力がないためなのか？　それとも、逃げ遅れる傾向があるからなのか？　あるいは、住んでいる家が古いからなのか？　データを分析することによって、これらの可能性のどれが現実に近いかが分かるだろう。これらのいずれが正しいかによって、どのような救助体制をとれば良いのかが変わるだろう。

また、「避難勧告」や「避難指示」が出ているにもかかわらず、従わない人が多いとも報道されている。どのような警報をどの段階で出すのが良いのかなどについても、これまでの体制のままで良いかを再検討する必要がある。

また、「遠くの避難所より近くの3階建て以上に逃げろ」ということがいわれるのだが、そのアドバイスにしたがうのが良いのかどうかも分かる。

以上のようなことは、雨量の他、年齢や避難所までの距離等々の様々な複雑な要因に依存するはずなので、複雑な分析が必要とされる問題だ。こうした問題を明らかにするために、ＡＩによる分析が望まれる。

ただし、分析のためには大量のデータが不可欠だ。公共主体ができるだけデータを提供する必要があるし、現在は整備されていないデータを収集する必要もあるだろう。

日本は自然災害が頻発する国であり、これまでは防災強国だと思われてきた。しかし、それは河川工事などの土木工事、つまりハードウエアの側面に偏りすぎたものだったのではないだろうか？　今後は、データ分析というソフトウエアの側面にも力を入れる必要がある。

第4章

AIに高度知的活動ができるか?

1　ＡＩは文章を書くことができるか？

創造的な仕事は聖域でない

これまで、創造的な仕事は、コンピュータの力が及ばない領域だと考えられていた。経営の基本戦略策定など、高度の判断が必要とされる分野もそうだ。これらは、経験を重ねてきた人々の直観的な判断によって行なわれるものとされてきた。

多くの人々は、アルゴリズムに発明や創造や高度の判断はできないと考えている。しかし、そうした分野にもコンピュータが入り込んできた。

これらが聖域であるという考えが危険な思い込みであることが、日に日に明らかになりつつある。

すでに述べたように、実際、ビッグデータを用いるディープラーニング型のＡＩが、図形認識で目覚ましい成果をあげている。囲碁でも、ＡＩは人間に大勝した。

では、高度知的活動の分野で、ＡＩは、どの程度のことまでをできるようになっているのだろうか？

すでにAIが報道記事を書いている

AIが文章を書く試みが広がっている。これには、いくつかのタイプのものがある。

第1のタイプは、データを与えて定型的な記事を書くものだ。これは、すでに実用化されている。

AP通信は、2014年7月から、アメリカ、オートメイテッド・インサイツ社（Automated Insights）の「ワードスミス（Wordsmith）」というAIを使った記事を配信している。

ワシントン・ポスト紙は、社内で独自開発したAIを用いて、リオデジャネイロ・オリンピックで記事を配信した。試合結果やメダル獲得数など、短い原稿を担当した。

日本では、日本経済新聞が『決算サマリー』で、上場企業が発表する決算データをもとに、AIが売り上げや利益などとその背景などの文章を作成し、配信している。

気象予報のニュース原稿についても、AIの活用範囲が広がっている。

ジェイムズ・バラット『人工知能――人類最悪にして最後の発明』（ダイヤモンド社、2015年）によると、オートメイテッド・インサイツ社の自動出版プラットフォームは、1年間に10万件のスポーツ記事を作成する。試合が終了してから、わずか数分間で記事を作成できる。金融、天気、不動産、地方ニュースのコンテンツも提供できる。

ナラティブ・サイエンス社は、2010年にノースウェスタン大学の研究者たちが中心となって設立したベンチャー企業だ。同社が開発した人工知能エンジン「クイル」は、30秒ごとに新しいニュース記事を配信する。フォーブス誌などの一流メディアによって使用されている。その後の報道では、オートメイテッド・インサイツ社のＡＩは、１秒間に２０００本の執筆が可能で、２０１４年に作成した記事・レポートは10億本にも及ぶという。

ウェブ記事のリライトサービスや広告コピーの作成

ＡＩが文章を書く第二のタイプは、ウェブの記事を元にして、新しい文章を作成するものだ。この範疇のものとしては、「リライトツール」がしばらく前から存在していた。アクセスが多いウェブページを元に、表現等を書き換えてコピー記事を作る。そして、剽窃チェッカー（コンテンツの盗作を見つけるアプリ。Copyscape などがある）のテストに通ることができるようにするのである。

こうした記事はまとめサイトなどで多用されていたのだが、社会的な問題を引き起こした。２０１６年の11月頃、ＤｅＮＡ（ディー・エヌ・エー）が運営していた医療サイト「ＷＥＬＱ」（ウェルク）がリライトツールを用いて作成していた記事が、引用のレベルを超えたとして問題になり、同サイトは閉鎖に追い込まれた。

最近では、複数のサイトから元記事を集めて新しい文章を作るサービスが登場している。

Articoloは、2～5個のキーワードを入力すると、20秒程度で文章を生成してくれる。2018年2月に、日本語版が使えるようになった。

Articoloのサイトにある FAQによると、つぎのような手続きで文章が作られる。まず、トピックの文脈を分析する。AIがそれを理解したら、最適なソースを基礎部分として探し出し、そこから重要なキーワードを抽出する。ソースとしては、インターネット上に公開されている学術分野のデータベースを用いる。そして、最後に、意味の識別とテキストの読みやすさを検証する。仕上がった記事は、Copyscapeによって剽窃とは判断されないものになるという。

第三のタイプは、特定の作家の文章を大量に集めて分析し、新しい作品を描くものだ。その例として、「きまぐれ人工知能プロジェクト　作家ですのよ」がある。

これは、星新一のショートショート全編を分析し、それらを参考にして、AIがショートショートを創作するものだ。2012年にスタートし、2016年にはショートショートの新人賞である星新一賞（日本経済新聞社主催）に応募し、一部の作品は1次審査を通った（ただし、受賞には至らなかった）。

商品の売り込みポイントを指示すると、広告用のコピーを作ってくれるAIもある。写真や動画から、自動で説明文を作成する技術もある。観光案内などにも応用できるという。

こうしたサービスが普及すれば、月並みなコピーライターはＡＩに変わるだろう。ただし、その場合であっても、ポイントが何か指摘するのは、依然として人間の仕事である場合が多い。

ＡＩによる文章執筆の限界

右で見たように、ＡＩは、様々なレベルの文章を書いてくれる。しかし、どの場合においても、つぎの二つの制約がある。

第一は、テーマは人間が与えなければならないことだ。

文章執筆で最も重要なのは、「一体、何について書けば良いのか？」というテーマの選定である。これは、質問を発する能力と同じことだ。ＡＩにその判断ができるだろうか？

「ＡＩはすでにレコメンデーションやパーソナルアシスタントができるのだから、文章のテーマ選択など簡単にできる」と考えられるかもしれない。

しかし、レコメンデーションやパーソナルアシスタントは、ビッグデータから得られるものであり、普通の、ありきたりの考えを基にしている。そのような方法で得られるテーマについて文章を書いても、一般の人の普通の要求に応えることにしかならないだろう。

右に述べたArticooloは、現状では、公表できるような文章の生成ツールとしては、使いものにならない。求める内容に答えているとは思えないし、文章も日本語として認められるレベルになっていないものが多いからだ。

こうした欠陥は、将来は改善されるだろう。しかしそれらが解決されたとしても、基本的な疑問が残る。

将来、いかに性能が向上しても、リライトサービスが文章を書くためには、誰かが書いた元記事が存在しなければならない。何もないところにＡＩが新しい内容の文章を書くわけではないのだ。

それに、文章を書くのは、主張したいことや伝えたいことがあるからだ、それを他の主体に書いてもらうというのは、一体どういうことなのだろうか？　基本的におかしなことだと考えざるを得ない。

こうしたサービスが存在するのは、「掲載した記事で大量のアクセスを獲得できれば、広告収入が得られる。だから、検索エンジンでピックアップされそうなキーワードを使った文章を大量に作る」という需要があるからだ。これは、病理的なものと言わざるを得ない。

そうではあっても、こうしたサイトは存在し続けるだろう。そして、リライトの仕事は、ＡＩによって代替されることになるだろう。

失敗に終わったＡＩ会話ボット

Tay（テイ）は、マイクロソフト（Microsoft）が作った学習型のＡＩ会話ボット（チャットボット）。ユーザー個人の性別や好み、居住地や恋人の有無などを学ぶことによって相手を理解し、チャット（会話）相手になることが特徴だ。

ターゲットは、チャットアプリを多用する年齢層である18歳から24歳に設定された。会話や質問に冗談を交えて答えたり、ゲームをしたり、送られた写真にコメントを書き加えて返すことが基本機能だ。Tay自身は設定上は女性。若者らしく俗語や省略綴り、絵文字も多用する。ユーザーとの会話を通じて、賢くなるはずだった。

Tayはユーザーの振る舞いを学習し始めた。ところが、反ユダヤ主義と反フェミニスト主義の発言を学習し、攻撃的で不適切な発言を連発するようになった。このため、公開からわずか１日で停止に追い込まれた。

２０１７年に中国のＩＴ企業テンセントがマイクロソフトの協力で作った会話ロボットBaby Qは、ユーザーからの「『中国夢』とは何？」との質問に「アメリカに移民すること」と正直に答えたりして、問題になった。「あなたは党を愛していますか？」という問いには「愛していない！」と答えるし、「共産党万歳！」というと、「こんなに腐敗して無能な政党なのに、それでも万歳なんて言えるの？」と答える始末。

「何が正しい答えか？」というのは、きわめて難しい問題だという意味で、右の二つは、似たような話だ。

人間でなければできない作業の価値は上がる

文章執筆の仕事がＡＩによって奪われるという見方がある。これは、文章執筆者にとってＡＩは敵だという考えだ。

しかし、ＡＩが敵になるか味方になるかは、文章の内容や水準によって大きく違う。ＡＩによって代替されない文章は残るし、そうした文章の作成には、ＡＩは強力な協力者になってくれるだろう。

ＡＩが作成するのは、事実を伝える定型的な記事であり、データを与えて、それを人間が読めるような記事にするものだ。

このタイプのものについては、人間とＡＩの住み分けが可能だろう。すなわち、事実を報道する定型的な記事はＡＩが作成し、それに対する評価や見通しは専門記者が書くという分担だ。人間でなければ書けない文章の重要性は、ＡＩの活用によって向上するだろう。

いずれにしても言えることは、人間の書く文章のすべてをＡＩが代替できるわけではないことだ。ウェブにある文章をまとめて要約するといった類の仕事は、ＡＩに代替されるだろう。

しかし、質の高い仕事は、人間がやらざるを得ない。

ＡＩは、事実を伝えることはできても、「なぜ」「どのように」といった分析はできない。解釈を加えたり、批判したり、意見を述べることもできない。新しい視点や考えを提起することもできない。だから執筆者は残る。

ＡＩは、命令されれば株式市況やスポーツ記事を書ける。しかし、『戦争と平和』の現代版を書くことはできないのではないだろうか？

つまり、こういうことだ。ウェブにある文章の表現を変えるようなことをやっている人々にとって、ＡＩは明らかに脅威になる。しかし、他の人が書けない文章、新しい発想、新しい見方、新しい考え方を提供できる人にとっては、ＡＩは決して競合者にはならず、むしろ良い協力者に、強力な味方になる。

結局、「ＡＩが敵になるか味方になるかは、どのような文章を書いているかによる」のだ。

このようなプロセスを通じて、質の低い文章が淘汰され、全体としての文章の質が向上していくことを期待したい。そうしたことを実現するために望まれるのは、読者が質の高い文章を求めることだ。

2 「士業」はＡＩに駆逐されるか？

税理士の92・5％はＡＩに代替される？

「士業」というのは、弁護士、税理士、会計士などの専門的な職業だ。これがＡＩによって駆逐されるという見方がある。

日本経済新聞（２０１７年９月25日）は、「10～20年後に、日本の労働力人口の約49％がＡＩに代替可能」と報道して話題となった。

この予測は、野村総合研究所が英オックスフォード大学との共同研究で２０１５年にまとめたもので、「弁護士は１・44％と低いものの、弁理士92・１％、司法書士78・０％、公認会計士85・９％、税理士92・５％が代替可能」とした。

従来の会計ソフトは、ＰＣにインストールして利用するものだった。しかし、インターネット上で処理できる「クラウド型会計ソフト」が登場し、急速に普及している。「freee（フリー）」や「ＭＦクラウド（マネーフォワード）」などのクラウド会計ソフトの出現によって、仕訳入力作業（売上高や費用を分類する作業）の自動化が可能となっている。

これらは、「税理士や会計事務所は不要になる」という触れ込みで利用者を増やしており、最近では税務申告を行なえる仕組みも整ってきている。

クラウド型会計ソフトは、銀行口座の入出金やクレジットカードの明細、店頭レジなどに直接連結することができ、支払額や各取引の勘定科目を自動で入力できる。これによって、データ入力、銀行通帳の記帳、請求書の発行・郵送などが不要になっている。勘定科目なども自動で提案してくれる。

全国青年税理士連盟は、２０１７年11月18日に、「人工知能（ＡＩ）の活用・開発状況に関するアンケートの結果について」を公表した。これは、「freee」や「マネーフォワード」などのベンダーに対して、ＡＩの活用・開発状況に関してアンケートを行なった結果だ。

結果の概要は、つぎのとおりだ。
１．勘定科目・消費税の判定について、ＡＩを活用して自動判定する機能があるか？
弥生会計、ＭＦクラウド、freeeは、「リリース済み」としている。ＭＦクラウドは、「機械学習による自動生成アルゴリズムを利用することで、初めて利用するユーザーでも、勘定科目を提案することができる」としている。
２．税務申告書作成（年末調整計算含む）に関するＡＩの活用予定はあるか？
「ある」との回答はなく、「今のところない」「検討中」などとなっている。

ＡＩの進歩によって、税理士の働き方は変わらざるを得ない

将来を見ると、税理士業務の中で、会計の記帳代行業務や、税務申告作成代行業務などの定型的なものは、ＡＩによって代替される可能性が強い。

実際、エストニアでは、政府が導入した電子化システム「ｅガバメント」によって、口座取引、年金、税務署、社会保険などの情報をクラウド上で結合し、一つのデータベースで管理することが可能になった。このため、個人の住民登録や社会保険の手続き、納税などが簡単にできるようになり、税理士や公認会計士の仕事が大幅に減った。

しかし、税理士が行なっている業務のすべてをＡＩが代替するのは難しいと考えられる。なぜなら、税制は、きわめて入り組んだ複雑な仕組みになっているからだ。判断のボーダーラインについて解釈の余地が多い規定も少なくない。

例えば、ある支出が所得税で必要経費（法人税であれば損金）と認められるか否かは、微妙な判断を要する場合が多い。また、税法関連規定だけではなく、会計学、民法、会社法などの規定にも関連した専門的判断が必要になる場合もある。

エストニアでは、ｅガバメントシステムの導入と同時に税制を簡素化したため、個人の税務申告の自動化が実現したといわれている。日本の税制は、これとは同列に論じられない。

ただし、これに関しては、異なる見方が可能だろう。

複雑だからこそ、過去の微妙な事例を用いて機械学習し、処理することが求められるとの意見があるだろう。ただし、そうした事例が、ビッグデータとして利用可能なものになっているかどうかは疑問だ。

はっきりしているのは、ＡＩの進歩によって、税理士の働き方は変わらざるを得ないことだ。すでに述べたように、単純な事務処理はＡＩによって代替される可能性が強いのだから、主な業務内容をより高度なものにシフトしていく必要がある。とくに、単なる税務処理でなく、コンサルティング的な業務の比率を高めていく必要がある。

不正会計の発見にAIの力を借りる

前記日本経済新聞の記事では、公認会計士がＡＩによって代替される可能性は85・9％になっている。これも、税理士と並んで高い数字だ。弁護士とは違って、定型化されている業務が多いためだ。

前述のように、クラウド会計ソフトの出現によって、仕訳入力作業の自動化が可能となっている。したがって、定型的な会計処理であれば、その多くはＡＩによって代替できるわけだ。

第3章の**5**で述べたような不正検知機能を利用することにより、会計士の仕事が効率化されることが期待される。単純作業が減れば、本来公認会計士が行なうべき仕事に集中できるはずだ。これは、税理士の場合にも言えることだ。

つまり、ＡＩが人間の仕事を奪うというよりは、人間がＡＩを利用することによって、仕事の能率を高めるのだ。

さらには、つぎのような新しい業務の比率を高める。経営コンサルティング的業務、業績改善策の助言、相続、事業継承、Ｍ＆Ａ（企業の合併・買収）の助言など。

判例の参照はＡＩのほうがうまくできる

裁判官が行なっている仕事は、どのような事実があったのかを認定した上で、それにどの法律（判例）を当てはめるかを決めることだ。

この判断は、過去における判例を参照してなされる。ところが、判例を調べるのは、コンピュータが得意とするところだ。

しかも、単純なキーワード検索ではなく、どのようなロジックで法律が適用されているかを知る必要がある。したがって、ＡＩの出番になる。

このような分析を実際に行なった事例として、つぎのものがある。

ユニバーシティ・カレッジ・ロンドン、シェフィールド大学、ペンシルベニア大学の研究者が、欧州人権裁判所の判例を学習して判決を予測するＡＩのシステムを構築した。この結果は、

２０１６年10月に*Peer Journal of Computer Science*に発表された。

まず、判例文書からテキストを抽出する。それぞれの裁判について、経緯、状況、関連法、事実、法律的主張の各項目についての単語群と、トピックリストを作成する。

つぎに、ＳＶＭという機械学習アルゴリズムを使う（ＳＶＭについては、第5章の**4**を参照）。そして、入力データの各項目のうちで、判決の結果を最も正確に予測できる項目はどれかを判定する。裁判の判例全体のうち10％を判定用に使った。

その結果、判決を最も正確に予測できたのは、「トピックリスト」と「状況という項目」の組み合わせで、人権条約の第３条、第６条、第８条に関する裁判の判例のうち、79％で判決を正しく予測できた。

膨大な数の判例を広く深く見る能力は、人間よりＡＩのほうが優れていると思われる。そうなると、裁判官の仕事はＡＩに代えてしまうほうが良いという考えも出てくる。

ＡＩの判断にバイアスがある？

判例データを提供するビジネスも始まっている。

アメリカのベンチャー企業であるCasetextは、判例などを探す際に、より素早く簡単に探せるためのＡＩを利用した情報のプラットフォームを提供している。

アメリカの一部の州では、実際に裁判でコンピュータアルゴリズムが使われている。これによって、実刑か執行猶予か、懲役は何年かなどを、評価するのだ。

アルゴリズムを開発したのは、国家機関ではなく、民間企業だ。例えばウィスコンシン州で使われる「COMPAS」（Correctional Offender Management Profiling）は、Northpointe社（現在はequivant社）が開発した。

被告人に137個の質問を出し、その答えと過去の犯罪データと照合して、再犯率を10段階で評価する。

ただし、このプログラムに対しては、「アフリカ系アメリカ人の再犯可能性が高い」と判断するバイアスがあるとの批判もある。データやアルゴリズムが間違っている可能性もあるので、簡単な判断はできないかもしれない。

弁護士の仕事はAIに取って代わられるか？

弁護士の業務のいくつかも、AIによって取って代わられる可能性がある。

まず考えられるのは、損害賠償額の決定、過払い金請求などだ。もっとも、これらは、AIでなくともできるし、すでにコンピュータ利用がなされている。

AIに向いているのは、例えば、「新しい金融商品が現行法令に違反するか？　違反とされないためにはどうしたら良いか？」といったアドバイスを金融機関に提供する業務だ。こうした仕事は、法令等を網羅してデータを蓄積しているＡＩに取って代わられる可能性がある。

「重大不正捜査局」（ＳＦＯ）は、汚職などを捜査するイギリスの政府機関。捜査関連書類の分類作業を通常は弁護士に依頼しており、分類できる資料は1日に約３０００件だった。ところが、ＡＩに任せたところ、その２００倍近い約60万件を処理した。ミスも人間の弁護士より少なかったという。

アメリカでも、裁判資料などの電子化が進み、ＡＩが精査や分類の作業を行なうことが本格化している。

ただし、実際の弁護士の仕事のうち、重要な部分を占めるのは、法律相談的なものだとされる。依頼者の話を聴いて、納得感や安心感を与える。あるいは、未整理の事実や契約書の案文などを法的に再構成するなどだ。

また、実際には、裁判にならずに解決されている事件が圧倒的に多い。裁判になっても、判決にまで至るのは、紛争の中のさらに一部でしかない。

こうした分野をＡＩが代替できるかどうかは、疑問だ。むしろ、訴訟によって傷ついた依頼人の心のケアなどが重要になるかもしれない。ただし、こうした仕事に、弁護士という資格を持った人が最も適しているかどうかは疑問だ。

なお、最近ではＡＩだけでなく、ブロックチェーンとスマートコントラクトの技術によって、契約の自動化が行なえるようになっていることにも注意が必要だ。

３　ＡＩは金融市場に勝てない

利益を求める「捕食性アルゴリズムの群れ」

ＡＩが進歩すれば、それを資産運用に活用できないか？　そうすれば、高い収益をあげられるのではないか？

こうした期待が、高まっている。

マーティン・フォードは、『ロボットの脅威――人の仕事がなくなる日』（日本経済新聞出版社、２０１５年）で、つぎのように言っている。

現在の株式市場の取引の少なくとも半分は、自動化されたトレーディングアルゴリズムによって行なわれている。ロボットトレーダーの多くは、ルーティンな取引以上のことを行なうことができる。

たとえば、ミューチュアルファンドや年金の運用マネジャーが始める大型取引を検出し、素早く分け前を獲得しようとする。システムにおとりの入札をしてほんの数分の１秒で引っ込めることで、他のアルゴリズムを出し抜こうとする。ブルームバーグもダウ・ニューズサービスも、こうした機械に読めるような特別仕様の商品を提供しているという。

このアルゴリズムは、金融ニュースを調べ、数ミリ秒のうちに、利益のあがるトレードへとつなげる。

２０１３年に科学雑誌ネイチャーに発表されたある論文によると、「捕食性のアルゴリズムの『群れ』を特徴とする機械が争い合う生態系が出現している」。ロボットトレーディングは、そのシステムを設計した人間たちのコントロールを超えて、時には理解不能な行動にまでに進んでいるという。

このようなことが、実際に行なわれているのだろう。

ＡＩが様々な分野で華々しい成果をあげていることから、その資産運用への応用に期待を持つ人が増えている。実際に、そのような試みもなされている。

しかし、ＡＩを用いて金融市場で利益をあげ続けることはできないと考えられるのである。

その理由を以下に説明しよう。

AIが算出した指数を用いても、収益をあげられなかった

インディアナ大学のヨハン・ボーレンらは、SNSのデータ分析によって市場価格の予測ができるという論文を2010年に発表した。ツイッターのデータをランダムに抽出し、感情的な単語がどの程度出現するかを表わす「センチメント」という指標を算出すると、3日後のダウ平均株価指数の上昇や下降を87％の確率で予測できるという結論である。

同様の分析は、他にもある。例えば、スターバックス、コカ・コーラ、ナイキの株価の変動を、ソーシャルメディアから算出したセンチメント指数で予測できるとする分析もある。

しかし、こうした分析を用いたファンドは、高い成績をあげ続けることはできなかった。ポール・ホーティンは、ボーレンらの論文に刺激されて、ツイッター情報に基づいて運用するファンドを2011年に立ち上げた。しかし、パフォーマンスは思わしくなく、1ヵ月でファンドは閉鎖された。

また、カリフォルニアのMarketPsy Capitalは、これに先立って同様の投資戦略を採用していた。同社は、チャットルーム、ブログ、ウェブサイト、ツイッターなどを分析し、そこから算出した「センチメント」の動きを用いて投資をするヘッジファンドを立ち上げた。これによって、2008年から2年間で、40％もの利益率をあげた。しかし、2010年には、8％の損失率となった。そして、ファンドは閉鎖された。

つまり、こうした法則が見出せるということと、それを用いて利益をあげられることは別なのだ。金融投資の収益率は、他の人が何をやるかによって、簡単に変わってしまう。金融市場では、取引をすればその行為が市場価格や他の取引者に影響を与えてしまう。センチメント指数で2週間後に株価が下がると予測されれば、投資家はいま売却する。そして、価格はいま下がってしまう。新しい傾向を見出した人は、短期的には収益をあげることができるかもしれないが、すぐに同じことを多くの人がやるようになるので、有利性が消滅してしまうのだ。だから、永続的に超過リターンを得ることはできないのである。

ＡＩを用いたファンドは高収益を実現できるか？

株価の予測ができないにしても、ＡＩや高等数学を活用して複雑で高度な投資法を作り出せば、市場の平均収益率をつねに上回る収益を生むファンドが作れるのではないか？　こう考えている人も多い。

以前から、「クオンツファンド」というものがあった。これは、高度な数学的手法や数理モデルを使って、株式、債券、為替、金利、コモディティなどのマーケットのデータや経済情勢などを分析し、それにしたがって運用するファンドだ。最近、ＡＩを駆使するクオンツファンドの勢いが強まっているといわれる。

その一つに、ルネッサンス・テクノロジーズがある。これは、1982年にジェイムズ・シモンズが設立したファンドだ。

もう一つは、ツー・シグマだ。ジョン・オーバーデックとデビッド・シーゲルが設立した。ビッグデータを集め、機械学習で分析する。株式やその他の証券の値動きを予測できるパタンを見出し、市場のインデックスを超える高いリターンを出すといわれる。

資産家のレイ・ダリオが創業した世界最大級のヘッジファンド運営会社ブリッジウォーター・アソシエーツは、2015年3月に、IBMでAIワトソンを開発したデービッド・フェルッチを迎え入れて、AI運用に着手した。

AIが運用する投資信託が始まっている

投資信託でも、AIの活用が始まっている。

投資信託では、これまでは株価や財務データのような構造化データしか利用していなかったが、最近では、非構造化データをAIを利用して分析するようになってきた（構造化データ、非構造化データについては、第6章の**1**を参照）。例えば、あるファンドは、小売店の駐車場の駐車状況などの非構造化データを、AIを用いて分析している。

ツイッターなどのソーシャル・ネットワーキング・サービス（SNS）や衛星写真、検索履歴や船舶データなどを分析する試みもある。

さらに、個人投資家向けの「ロボアドバイザー」がある。これによって、自分に最適な投資信託を探したり、資産運用のアドバイスや助言を受けたりすることができる。

投資家によって運用方法を変えていく「オーダーメイド型の投資」は、これまでは一部の富裕層向けのサービスだった。これを一般投資家向けに開放したのが「ファンドラップ」だ。しかし、ファンドラップはコストが高すぎることが問題だった。

ロボアドバイザーは、ロボットが行なうので大幅なコスト削減が可能であり、手数料や運用管理費を安く抑えることができる。この分野では、新しく参入する企業が急激に増加している。

なぜＡＩは市場に勝てないのか？

では、ＡＩやビッグデータを用いれば、ファンドは好成績をあげられるのだろうか？

しかし、事態は、それほど簡単ではない。

ファイナンス理論が教えるところによれば、最も効率の良い投資信託は、市場の収益率を再現するようなファンドである。このようなファンドは、「インデックスファンド」と呼ばれる。「アクティブファンド」とは、これを上回る収益を得ようというものだが、そうしたことは理論的にできないのである。実際のデータを見ても、アクティブファンドの成績はインデックスファンドの成績に及ばないことが多い。

もちろん、ＡＩファンドといってもファンドによって異なる手法を用いているから、それらを一概に評価することはできないだろう。また、ある時点の成績だけをとっても、全体的な判断はできない。

しかし、コンピュータに判断を委ねるファンドの成績が良くないことは、多くのレポートで見られる。

例えば、長期的に見ると、コンピュータの判断にしたがった運用の成績より、人間による運用が優れているとのレポートもある。

「市場を打ち負かす投資法があり得ない」というのは、つぎのように考えても納得できるだろう。仮に市場の平均よりも高い収益が得られるのであれば、なぜそれを一般の投資家に教えてしまうのだろう？　そうしたことをせずに、自分たちだけで収益をあげるほうが良いのではあるまいか？　だから、「ＡＩを使っているので高い収益率になります」という宣伝文句は、眉唾をつけて聞く必要がある。

ＡＩを用いて金融市場で利益をあげられるというのは、「ＡＩはなんでもできる」「なんでも人間より優れている」という過大な期待から生じる幻想にすぎない。

4　ＡＩは創造や発明ができるか？

作曲をするＡＩ「エミー」

ＡＩを用いて作曲する試みが、しばらく前からなされている。特定の作曲家の曲を分析し、独自の形を抽出して、それらを組み合わせることによって音楽を作るのだ。

カリフォルニア大学の名誉音楽教授デービッド・コープは、「エミー」を作った。これは、バッハの曲を学習データとして使用し、新しい曲を生み出すアルゴリズムだ。あるオーケストラ用の曲はあまりに感動的だったので、多くの音楽家が絶賛した。

２０１２年７月には、ロンドン交響楽団が「移行――深淵の中へ」と題する楽曲を演奏した。ある批評家は「アーティスティックで魅力的」と評した。この曲を作ったのは、「イアモス」という、音楽に特化したＡＩで、スペインのマラガ大学の研究者たちが作成した。イアモスはすでに、現代音楽のスタイルのユニークな楽曲を何百万と作り出していている。

マイク・マクレディが開発した「ヒットソング・サイエンス」という音楽評価のアルゴリズムは、メロディ、ビート、テンポ、リズム等々を数学的手法で解析することによって、曲のヒット可能性を予測している。

ＡＩが映画を作る

エパゴギックス（Epagogix）というスタートアップ企業は、脚本だけから映画の興行成績を事前に予測するアルゴリズムを開発した。

映画の製作費は巨額だ。しかも、成功するかどうか分からず、非常にリスクが高い。したがって、予測は不可欠だ。いまでは、エパゴギックスは、映画会社が映画製作を決定する際に、不可欠の存在となっている。

エパゴギックスは、すでに作った映画の評価にとどまらず、収益予測の結果を踏まえて、映画の脚本作りをアドバイスする。この方法を用いれば、映画だけでなく、新商品やサービスの開発を効果的に行なうこともできるだろう。

２０１６年５月のロンドンのＳＦ映画祭で、「２日で映画を作る」という「48-Hour Film Challenge」コンテストが行なわれた。ここで、「Sunspring」という題の、ＡＩが書いた脚本をもとにした短編ＳＦ映画が公開された。

これは、スマートフォンの予測変換機能（過去の単語列を元として、つぎにくるであろう単語を予測するシステム）を発展させたものだ。

ＡＩの学習にはニューヨーク大学の研究者が協力。「Benjamin」というＡＩに「２００１年宇宙の旅」「ゴーストバスターズ」「２０１２」「アベンジャーズ」「フィフス・エレメント」などのＳＦ映画を学習させ、脚本を書かせた。

完成した映像は９分ほどの長さ。劇中の音楽や歌は、ＡＩにポップソング３万曲以上を学習させて作った。この映画は、YouTube に公開されている。

レシピを作るワトソン

もう一つの例として、ＩＢＭのスーパーコンピュータ「ワトソン」がある。２０１１年にクイズ番組「ジョパディ！」でクイズ王ケン・ジェニングスを破って、優勝を果たした。このクイズ番組は、問題と答えが逆になっているユニークな番組だ。１つの言葉からそれにかかわる答えを導き出すには、あいまいな言葉への理解や、知識や表現の組み合わせが必要になる。ワトソンは Wikipedia の情報とクイズのスキルを身につけて、それを応用することでクイズに対応したのだ。

ワトソンがコグニティブ（認知）コンピューティングと呼ばれるのは、ただデータを取り出すのではなく、その状況を認知して答えを新たに生み出せるからである。

ＩＢＭは、料理のレシピを考えさせる試みにも取り組んでいる。これは、「シェフ・ワトソン」と呼ばれる。

３万５０００種類のレシピと１０００種類の化学的香料化合物を分析させ、どの材料のコンビネーションが合っているのかを学習させた。その結果、材料、料理の地域、料理のタイプをインプットすることでレシピを生み出すことに成功した。システムが創造的な料理を考え出してくれるわけだ。

ユーザーの要望から既存のレシピを探し出すのではなく、データから独創的な新しいレシピを提案する。つまり、得た情報を活用して、要望に合ったレシピを自分で考えている。いままでにない組み合わせの料理を作り出す試みも行なわれている。

ユリイカは自然法則の発見ができる

マーティン・フォードは、『ロボットの脅威――人の仕事がなくなる日』の中で、自然法則を独自に発見できるAIユリイカを紹介している。

これは、2009年に、コーネル大学のホッド・リプソンと、マイケル・シュミットが作ったものだ。

二重の振り子を設置し、センサーとカメラで振り子の動きを捉え、一連のデータを作り出す。ユリイカは、このデータから、振り子の運動を説明する物理法則を数時間で導き出した。ニュートンの力学第二法則も導き出した。

「このシステムは好奇心を持っている」とリプソンは言う。

このプログラムは、生物の進化にインスピレーションを得た遺伝的プログラミングという技法を使っている。

最初に、様々な要素をランダムに組み合わせて方程式を作り、その方程式がどのデータにうまく適合するかをテストする。テストに合格しなかった方程式は捨てられる。他方で、有望そうな方程式は取っておかれ、また新しく組み合わされて、やがて正確な数学モデルに収斂《しゅうれん》していく。この途中で、時々ランダムな突然変異が投入される。

これは、「自動化された発明機械」と言えるものだ。

２００９年末、ユリイカは、インターネット上で公開された。それ以来、このプログラムは、様々な分野で数多くの有益な成果を生み出したという。例えば、細菌の生化学的作用を説明する方程式、電子回路の設計、機械システムなどだ。フォードは、「創造性はすでにコンピュータの能力の範囲内にあるものだという可能性が示されている」と言う。

しかし、このプロジェクトは、その後は大きく発展してはいないようだ。

「ＡＩの創造性が本当の創造性か？」という問題については、第9章の**4**で論じることとする。

5 AIの軍事利用や暴走の危険

AI軍事革命が始まっている

アメリカは、1990年代に「軍事革命」（RMA）を実現し、他国の追随を許さぬ圧倒的な優位を確立した。これは、ITを活用した精密誘導兵器、サイバー攻撃、宇宙利用、ステルスなどから構成されるものだ。

いま、それより進んだ「AI軍事革命」が始まっている。

AI技術は軍事に転用が可能だ。

AIの画像認識技術を応用すると、目標認識が正確になり、兵器の能力が飛躍的に向上する。また、ロボットやドローンなどの無人機が、自ら認識し、判断し、行動できるようになる。

AI兵器は、つぎの三段階に区別される。第一段階は、現場から離れた場所にいる操縦士が攻撃を決定する「遠隔操作ロボット」。第二段階は、人間の許可なしでも攻撃を開始するが、操縦士がそれを停止できる「半自律ロボット」。第三段階は、標的の探索から攻撃までのすべてを行なう「自律型致死兵器システム（LAWS）」。

これらのうち、LAWSは実用化されていないが、半自律ロボットまではすでに戦場で実戦配備されている。攻撃目標で自爆するイスラエルの無人攻撃機「ハーピー」や、水上艦や潜水艦に自動的に接近して爆発するロシア製の機雷「ＰＭＫ－２」などがある。

ＡＩが戦闘に参加するようになると、戦闘のスピードに人間の頭脳が追随できなくなる。アメリカのシンクタンク、ＣＮＡＳ（新アメリカ安全保障センター）のエルサ・カニアは、これを、「戦場のシンギュラリティ」と呼んでいる。

中国がＡＩ軍事革命を先導

中国は、国をあげてＡＩ兵器に注力している。空母、潜水艦、ステルス戦闘機などの分野で中国がアメリカに追いつくのは大変だが、ＡＩは新しい技術なので、米中の差は大きくない。だから、開発に力を入れれば、中国がアメリカを抜いて世界のトップになるチャンスがあるからだ。中国にはＬＡＷＳの暴走を抑える歯止めとなる対策が存在しないとの指摘もある。

ＡＩ軍事革命を先導しようとしているのは、人民解放軍だ。

人民解放軍は数千機ものドローン（ＵＡＶｓ）で空母を攻撃する戦法を生み出した。多数のドローンが衝突せずに飛行するためには、高度のＡＩ技術が必要だ。

中国電子科技集団（ＣＥＴＣ）は、２０１７年６月、１１９機のドローンの編隊飛行のテストに成功した（それまでの記録は67機）。安価なドローンによって、空母のような高価な兵器を攻撃することが可能になる。

シンギュラリティはあるか？

より根源的な問題も指摘されている。それは、ＡＩがコントロールを失って暴走する危険、あるいは、人間に反抗して戦いを挑んでくるという危険だ。

ディープラーニング（第５章の1参照）で最終的に構築されたネットワークがなぜ正しいのか、人間には理解できない。思考過程が、ブラックボックスになっているのだ。モデルはわからないが、とにかく正しい答えを出している。こうした不可解さが、暴走や反抗の怖れにつながる。

ＡＩについての悲観論の代表として、ジェイムズ・バラット著『人工知能――人類最悪にして最後の発明』がある。

２０４５年頃、シンギュラリティ（技術的特異点）が起こり、現在のＡＧＩ（人工汎用知能）からＡＳＩ（人工超知能）への進化が起き、能力が何兆倍も強力になる。そして、ナノテクノロジー（原子スケールの工学）を駆使するというのだ。

機械の自己保存欲求によって人間に要求し、電力、上下水道、金融システムなどのインフラを支配し、人間を征服する、という。

スカイネット（Skynet）というのは、映画「ターミネーター」シリーズに登場するコンピュータの集団だ。自らの手足となる無人兵器による機械軍を作り上げ、人類の殲滅を目的とする。これと同じことが実際に起こるというのである。

すでに「スタックスネット」というウイルスがアメリカとイスラエルにより開発され、イランの原子炉を故障させて、核開発計画を遅らせたという事件も起きている。

もっとも、この問題については、楽観論もある。

マレー・シャナハン著（ドミニク・チェン監修・翻訳、ヨーズン・チェン、パトリック・チェン訳）の『シンギュラリティ――人工知能から超知能へ』（エヌティティ出版、２０１６年）は、ＡＩによって、われわれが理解しているような人類のあり方が終わりを告げるほどの劇的な変化が起きるという。

まず、人間レベルのＡＩを作る。それはいつか実現される。そこから超知能への移行は不可避的に起こる。多くの人は仕事を失うかもしれないが、しかし豊かに暮らすという。

こうした様々な未来像のどれが現実のものになるのか？　それを現時点において確実に見通すことは、きわめて難しい。

第5章

AIはどのように思考しているのか？

1　ニューラルネットワークによるディープラーニング

従来のコンピュータ利用との違い：機械学習

第1章で述べたように、ＡＩが従来のコンピュータ利用と異なる本質的なポイントは、「機械学習」だ。

つまり、コンピュータが自動的に学習するのである。

ただし、機械がまったく自動的に様々な情報を取り入れて、人間が行なうように学習するというわけではない。どのように学習するかは、人間が考えて、その仕組み（機械学習の手法）を人間が事細かに決める必要がある。また、学習データも人間が準備する。

機械学習の手法には、いくつかのものがある。

古くから使われてきた手法としては、「重回帰分析」がある。

新しい手法としては、「決定木」がある。それを発展させたものとして、「ランダムフォレスト」がある。また、「ベイジアンネットワーク」などの手法もある。

最近、ニューラルネットワーク（神経系ネットワーク）によるディープラーニングが登場した。これは、人間の神経細胞（ニューロン）の働きを真似た仕組み（ニューラルネットワーク）

をコンピュータに作り、大量のデータを用いて学習させようというものだ。この方法が採用されたことによって、この数年で、ＡＩの進歩が加速しているのである。

これらは、どのような方法か？　どのようにして学習させているのか？　ＡＩは、どのようにして推論し、予測し、判断しているのか？　これらについて、以下に説明することとしよう。

１９５０年代に提案されたパーセプトロン

現在最も注目浴びている機械学習の手法は、「ニューラルネットワーク」による「ディープラーニング」だ。これはどのような方法だろうか？

ニューラルネットワークとは、人間の脳の仕組みを真似たものだ。

人間の脳には、１００億から１４０億個程度という膨大な数のニューロン（神経細胞）がある。各ニューロンは，他のニューロンから信号を受け取り、他のニューロンに信号を送る。脳は、こうした信号の流れによって、様々な情報処理を行なっている。

そして、様々な経験から学習することによって、処理の仕方を変化させていく。

この仕組みをコンピュータ内に実現しようとするものが、ニューラルネットワークだ。

ニューラルネットワークは、突然出現したわけではない。その前身は長い歴史を持つ。

１９５０年代に、フランク・ローゼンブラットによって、パーセプトロン（Perceptron）と

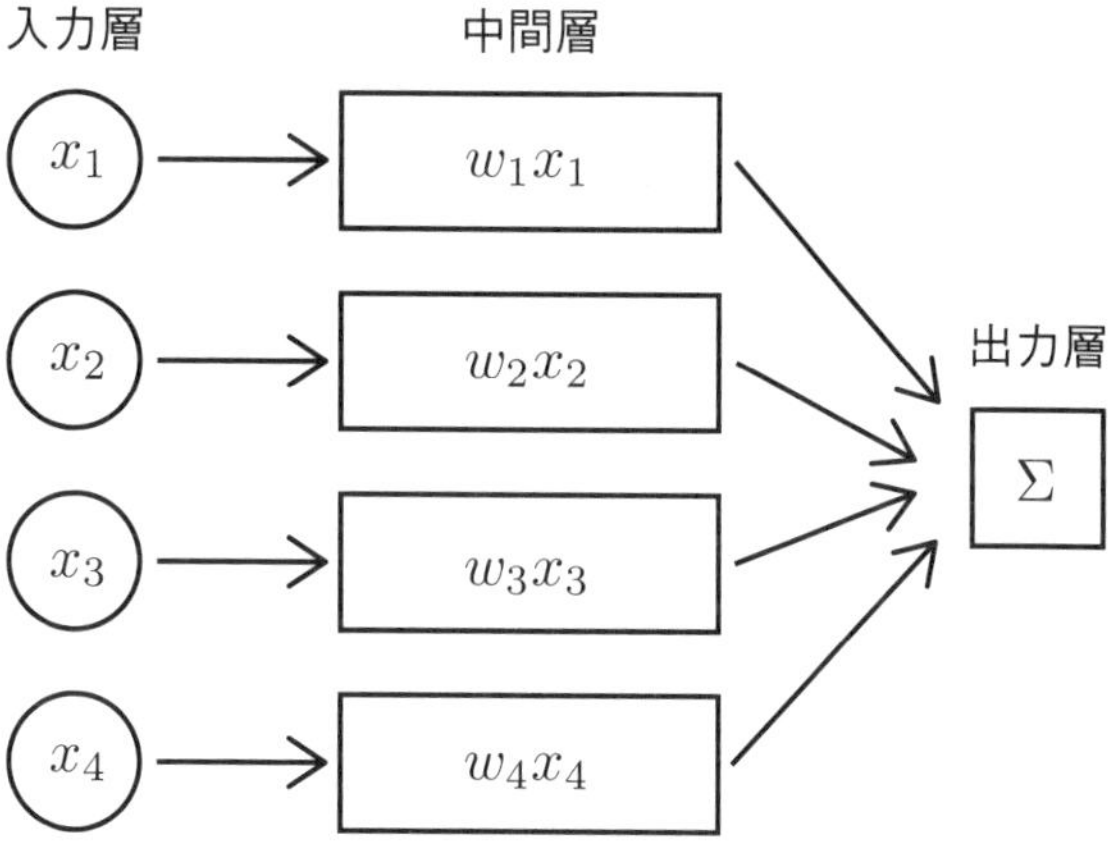

図表5-1　パーセプトロン

いうアイディアが提出された。

これは、図表5－1のように、入力層、中間層、出力層の3つの部分からなる。中間層は複数の単位（「ノード」または「ユニット」と呼ばれる）によって構成される。これが、人間の脳にあるニューロンの役割をする。

入力層には、外部から信号が与えられる。入力層と中間層は、以下に述べるような形で接続される。出力層は中間層の答えに重みづけをして、答えを出す。

これは、脳の機能をモデル化したものであり、シンプルでありながら学習能力を持つモデルだ。

パーセプトロンでパタン認識を行なう

パタン認識とは、写真に写っているのがミカンなのかリンゴなのかを認識したり、男か女かを区別したり、手書き文字を認識したりすることである。

以下では、写真に写っているのがリンゴかバナナかを判別することを考えよう。人間が果物の写真を見てミカンだとかリンゴだと認識できるのは、色や形という特徴が重要であると認識し、その特徴にしたがって区別しているからである。

ところが、コンピュータに写真を見せると、背景に写っているものなど、別のものを学習してしまうこともある。そうならないように、果物の写真から果物の部分だけを抜き出す。この作業を「特徴抽出」という。

写真に含まれているいくつかの「特徴」を取り出して数量化し、それらを用いてリンゴかバナナかを判別する。ここでは、「特徴」として、色（x_1で表わす）と形状（x_2で表わす）の２つの指標だけを考えることとする。

被写体の色を自動的に測定し、赤が多ければx_1が大きくなり、黄色が多ければx_1が小さくなるような数量化を行なう。次に被写体の物体の縦横比を自動的に測定し、縦横比が大きければ（つまり細長ければ）x_2が大きくなり、小さければx_2が小さくなるような数量化を行なう。

すると、１枚の写真は、x_1とx_1の組み合わせで表わされる。これらのデータを何枚もの写真についてプロットすると、図表５－２のようになる。

図で、白丸はバナナの写真、黒丸はリンゴの写真から得られたデータだ。

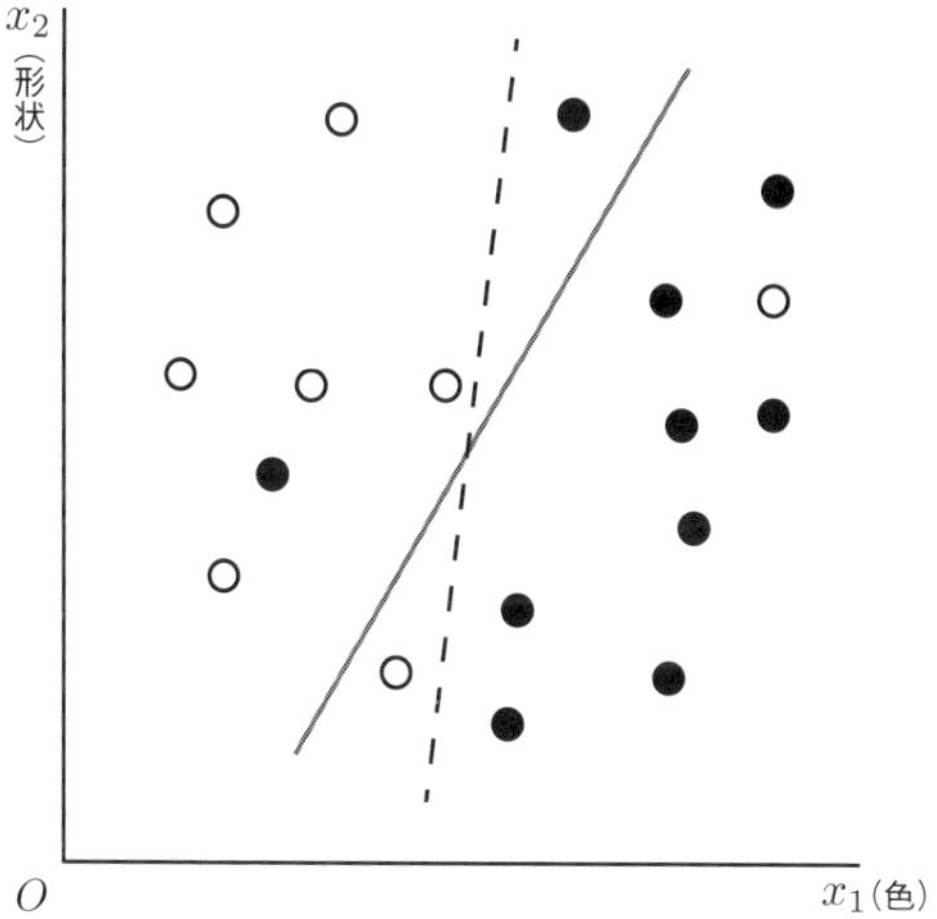

図表5-2　直線で分割する

バナナは細長くて黄色い場合が多いから、そのデータは図の左上の領域にある場合が多いだろう。それにたいしてリンゴは丸くて赤い場合が多いから、そのデータは図の右下の領域にある場合が多いだろう。

これからの分析の目的は、x_1とx_2という数値だけから、ある点がバナナなのかリンゴなのかを判別することだ。

この目的のために、図表5－2に実線で示すような直線を引く。そして、この直線より左上にある点はバナナであり、右下にある点はリンゴであると判断することにする。

すでに述べたように、バナナのデータは図の左上の領域に多く、リンゴのデータは図の右下の領域に多いのだから、右上がりの直線を引けば良いだろう。

ただし、図表5－2に実線で示した直線の場合には、「間違い」（誤差）がある。直線の左上に黒丸（リンゴの写真）が2個あるし、右下に白丸（バナナの写真）が2個あるからだ。

そこで、直線を点線のように変えてみる。すると、間違いは1個ずつに減る。

このように、試行錯誤で適切な直線を探していくのである。何回かの試行錯誤の後には、黒い点と白い点のほとんどを完全に識別できるようになるだろう。

図表5－2にあるデータは「学習データ」と呼ばれる。これらを用いて、分割直線を決定したのだ。

新しい写真が写されると、前と同じように、x_1とx_2を測定する。そして、その点を図表5－2にプロットする。もしその点が直線の左上に来れば、その写真はバナナだと判定される。右下にくれば、リンゴだと判定されるのである。

勾配降下法で係数を調整する

誤差がより少ない直線を見出すために用いられる方法も、格別難しいものではない。出力と正解の誤差が小さくなるように直線の位置を調整するのだ。

このために、「近隣の状況を探ることによって局所的最適に達する」という方法を取る。

具体的には、どちらの方向に進めば誤差がより大きく減るかを計算し、減少量がもっとも大きい方向に進む。

この方法は、「勾配降下法」（gradient descent）と呼ばれる。図表5－3には、コントロールすべきパラメータが一つだけの場合を示す。このパラメータをθで表わそう。縦軸が誤差量だ。出発点において、$\theta = \theta_0$であったとすれば、θを増大させる方向に進めば誤差量が減る。そこでθを少しだけ増大させる。以後、同様に進み、最小点に達するのだ。

コントロールするパラメータが多数ある場合でも使える。図表5－4には、パラメータが二つの場合を示す。

凹凸のある平面で、どちらの方向の勾配が最も大きいかを測定し、その方向に進むのだ。

勾配降下法は、数値解の算出法として、昔から様々な場合に使われていたごく普通の方法だ。

パーセプトロンからニューラルネットワークへ

このように、「間違いがあれば修正する」という単純なルールを繰り返すことによって判別能力を獲得できることが分かり、パーセプトロンは注目を集めた。そして、1960年代には、爆発的なブームを引き起こした。

しかし、1969年に、人工知能学者のマービン・ミンスキーらが、「線形で分離できるものしか学習できない」ということを指摘し、ブームは下火となった。

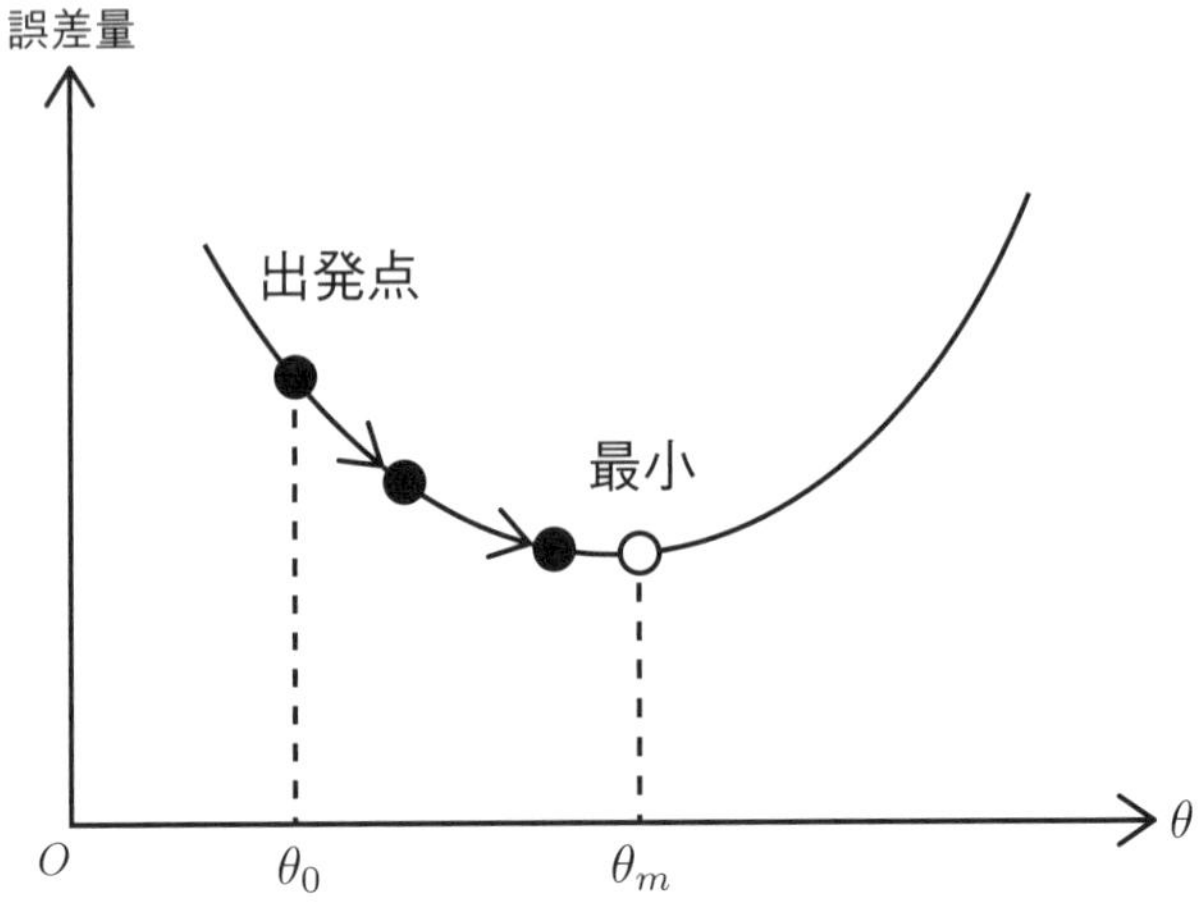

図表5-3　勾配降下法
(コントロールすべきパラメータが1つだけの場合)

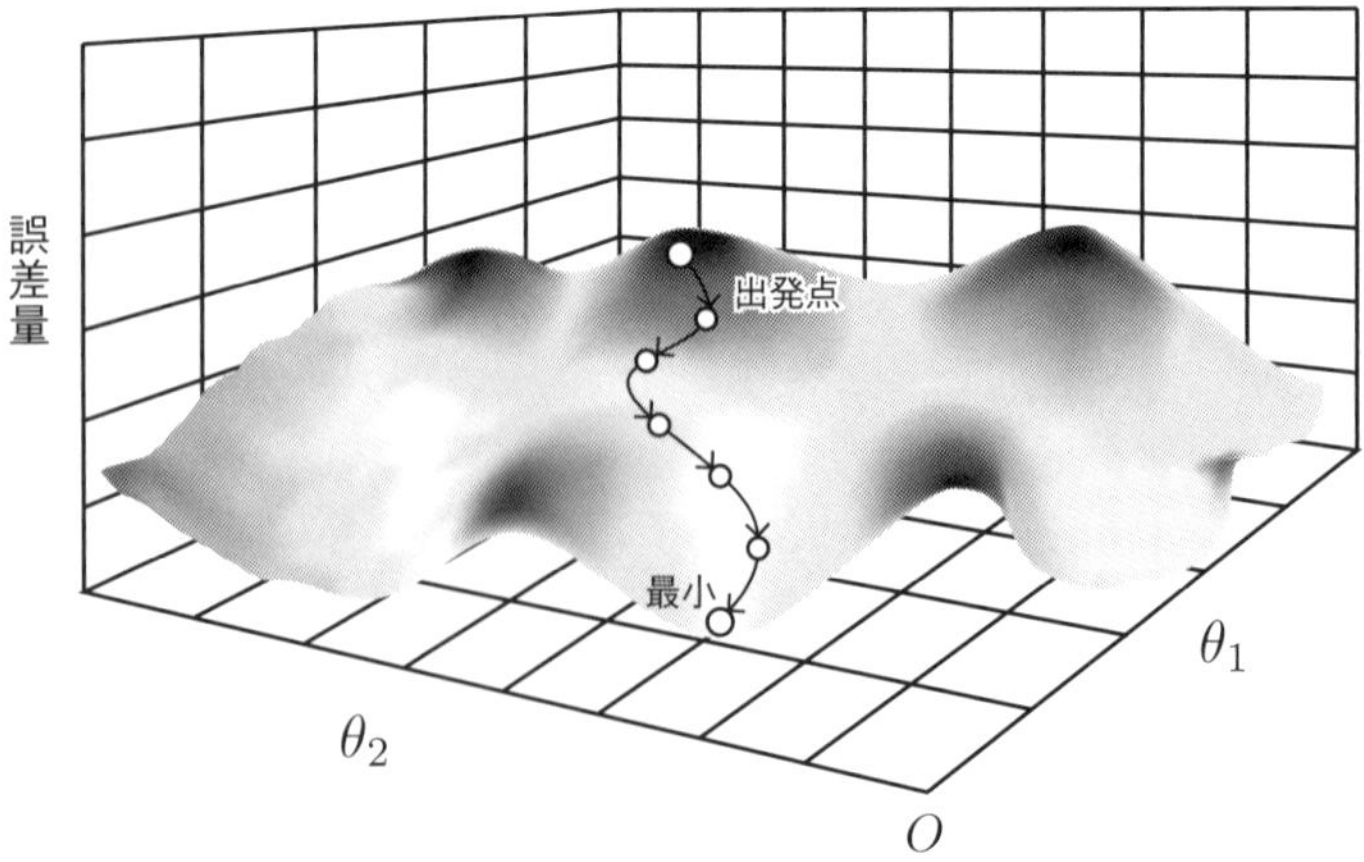

図表5-4　勾配降下法
(コントロールすべきパラメータが2つの場合)

その後、多層パーセプトロン（Multilayer perceptron：MLP）が提唱された。これは、パーセプトロンを多層にすることによって、もっと複雑な問題も解けるようにしたものだ。

再び注目を集め、広く使われている機械学習アルゴリズムの基礎となった。

しかし、学習データの不足から、精度が出なかった。また、能力の高いサポートベクターマシン（ＳＶＭ：本章の**4**参照）という手法が登場したこともあり、ＭＬＰは下火になった。

ところが、２０００年代後半にビッグデータが利用できるようになり、再び注目を集めた。

２０１２年には猫の写真判別をディープラーニングで行なった「グーグルの猫」が有名になった。２０１６年には、ディープマインド社のＡＩが、囲碁のプロ棋士を打ち負かした。

ニューラルネットワーク

ニューラルネットワークは、図表５－５のように、最初の層から最後の層に至る多数の層によって形成されている。

それらの層の間で、情報が伝達されていく。中間の層を「隠された層」という。中間層が多数あることから、「ディープ」と呼ばれる。暫く前までは7～8層程度だったが、最近は20層以上になっている。

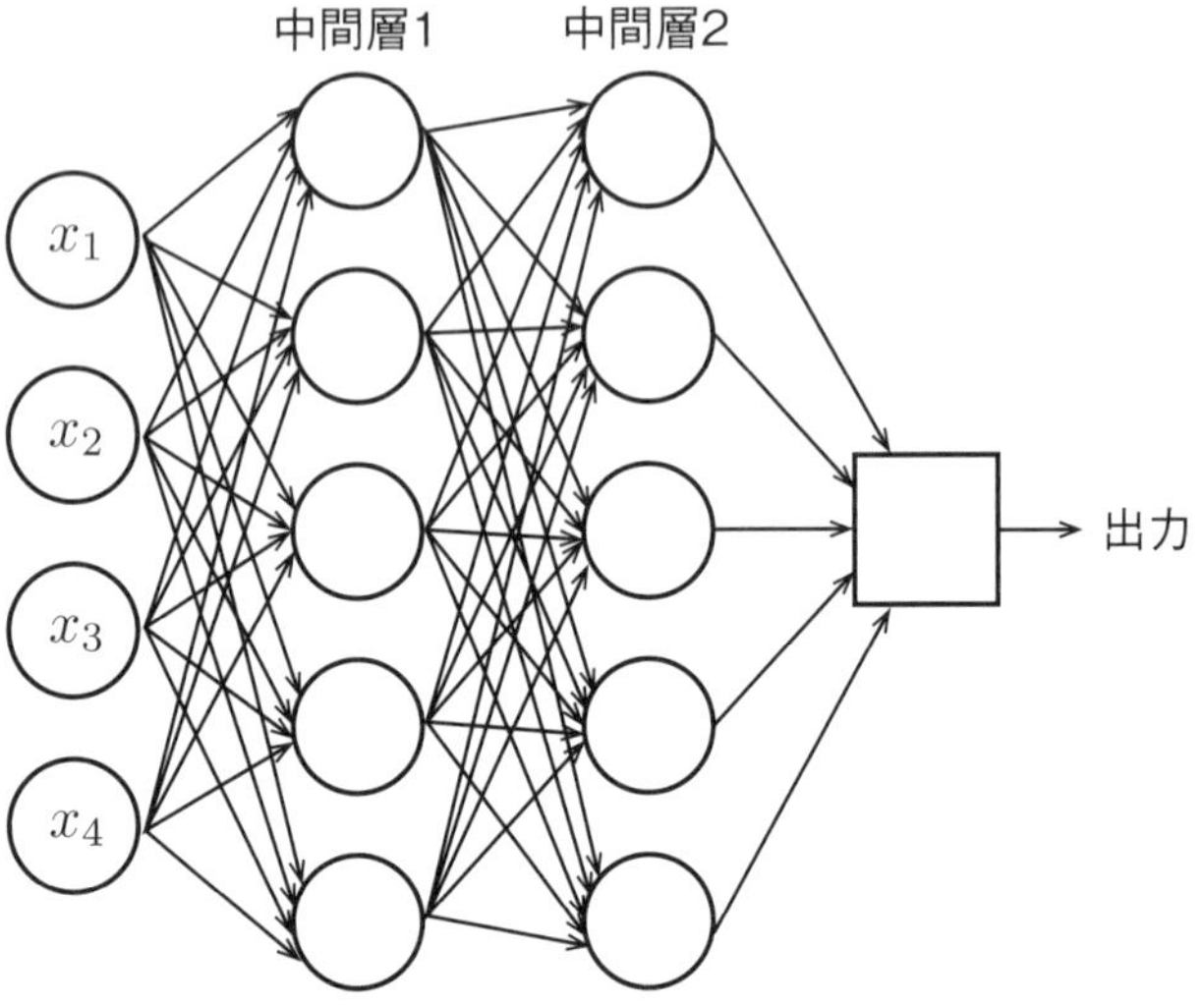

図表5-5　ニューラルネットワーク

各層は多数の「ノード」によって構成されている（図表5－5で、中間層1、2の下に描かれている多数の丸い図形がノードを表わしている）。これは、人間のニューロン（神経細胞）の働きと同じような働きをするように、コンピュータの中に作られた人工ニューロンだ。

画像認識の場合には、画像を図表5－6のような多数の小さな部分（ピクセル）に分け、その部分の明るさを0から1までの数値として表わす。その数字を、ニューラルネットワークの最初の層に入力する。

最初の層の個々のニューロンは、その値を加工して二つ目の層にデータとして渡す。ここで「加工」というのは、「重みをつける」という意味だ。

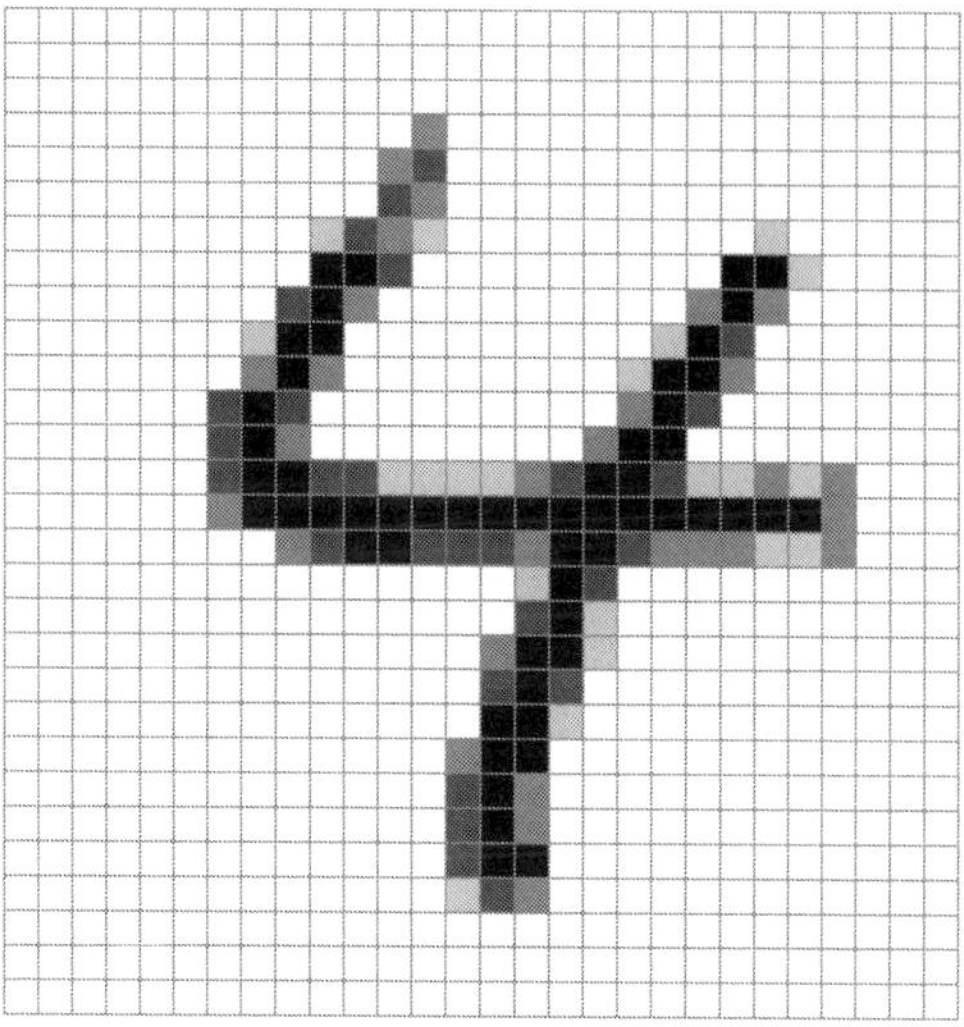

図表5-6　画像をピクセルに分ける

このようにして、最後の層にデータが渡され、最終的な出力が生成される。

図表５－５において、各層のセルには数字が入っているので、数学的には、各層は、「数を並べたもの」と見ることができる。こうしたものを「ベクター」と呼ぶ。したがって、ある層からつぎの層への情報の伝達とは、あるベクターからつぎのベクターを生成することである。

この際、前のベクターの各々の数にある係数を掛けて、つぎのベクターを生成する。この計算は、四則演算だけだ。

問題は、これらの係数を、正しいものとすることだ。係数は、最初はランダムに与える。すると、出力は、正解とは異なるかもしれない。

例えば、入力として与えているのは、手書きの「4」という数字であるとしよう。出力は、「4」でなければならない。

しかし、ランダムに与えた係数の集まりでは、出力はそうはならないだろう。そこで、係数を修正する。

そしてうまくいくように、大量のデータを用いて学習をしていくのである。

「うまく調整する」というのは、係数をうまく決めることである。このための方法も、つぎに述べるように、別に難しいものではない。

「複雑ではない、ただ量が多いだけ」の機械学習

ニューラルネットワークを構築する場合、情報の伝達を決める係数は、先に述べたように、最初はランダムに与える。しかし、これでは、望ましい結果は得られないだろう。

そこで、係数を修正する。このために、先に述べた「勾配降下法」を用いる。

大量の訓練データを用いて、正しい答えが出るように、係数を調整していくのである。これが機械学習だ。

このようにしてニューラルネットワークに学習させるアルゴリズムを「バックプロパゲーション」(Backpropagation)という。

係数の値が最適化されて、ほぼ毎回正しい答えを出せるようになるまで、何十万枚、あるいは何百万枚、何千万枚もの画像で学習させる。現在ではエラー率が低下しており、人間の画像認識能力とほぼ同じになっている。対象によっては、人間より速く正確に認識できる。

このように、ディープラーニングは驚くべき成果をあげた。

しかし、そのメカニズムと方法論は、以上で述べたように、驚くほど簡単で単純である。魔法のように見えるのだが、そうではない。「複雑ではない、ただ量が多いだけ」なのだ。

こんな単純な方法で成功するとは、つい最近まで考えられていなかった。ディープラーニングは、ＡＩ研究者の中では異端の方法とみなされていたのである。

これが成功したのは、きわめて規模が大きいディープラーニングを行なったからだ。

２０１２年、トロント大学の教授でありグーグルの研究者であるジェフリー・ヒントンは、YouTube にアップロードされている動画からランダムに取り出した２００×２００ピクセルサイズの画像を１０００万枚用意し、これを用いて９つの階層のネットワークでディープラーニングを行った。１０００台のコンピュータで３日間かけて学習を行なった結果、人間の顔、猫の顔、そして人間の体の写真に反応するニューロンができた。

なお、以上で述べた方法では、「４」という手書き文字の画像に「この画像は４」という正解を付ける。これを「ラベル付きデータ」と呼ぶ。ラベル付きのデータで学習させる方法を

「教師あり学習」と呼ぶ。

これに対して、「教師なし学習」では、入力データはあるが、正解データは与えない。コンピュータに膨大なデータを読み込ませて、それらのデータの中から、データの背後に存在する本質的な構造をコンピュータに発見させ、特徴量を求めさせる。それに従ってパターンなどを自動分類する。このための手法として、クラスター分析や主成分分析などがある。

なぜ正しいのか、分からない

すでに述べたように、ディープラーニングで構築されたネットワークがなぜ正しいのかを、人間は理解できない。

これまでも、回帰分析で当てはまりの良い直線を見出しても、なぜそのようなパラメータの組み合わせが最適なのかは説明できなかった。それと同じことである。

答えが正しいから、われわれはディープラーニングを認めているのだが、これは、従来の科学的な方法論では認められなかったやり方だ。

回帰分析の場合には、「因果関係を示すモデルがなければ、いくら相関が良くても無意味だ」といわれていた。ところが、ディープラーニングの華々しい成果の前に、人々はこうした方式を認めざるを得なくなってしまったのだ。

ＡＩが人間に反乱する危険があるといわれるのは、このような不可解さがあるからだ。反乱までいかなくとも、理由が分からないのは、なんとも居心地が悪い。勾配降下法で見出した解は局所的な最適解であり、全体から見れば正しくないかもしれない。何か重要なことを見逃していないか、本質を取り違えているのではないか、といった懸念を払いきれない。

2　回帰分析

昔から用いられてきた回帰分析

機械学習の手法には、ニューラルネットワーク以外にも、様々なものがある。

昔から用いられてきたものとして、「回帰分析」がある。これを、つぎの例で説明しよう。

ある企業が、「広告宣伝費を増やすと売上高がどれほど増えるか？」を知りたいとする。このため、この企業はまず、過去の広告宣伝費（記号xで表わす）と売上高（記号yで表わす）のデータを集める。図表５－７では、横軸に広告宣伝費xが目盛られており、縦軸に売上高yが目盛られている。そして、集めたデータが黒丸として示されている。

これを見ると、「広告宣伝費を増やすと、売上高が増える。広告宣伝費の増加と売上高の増

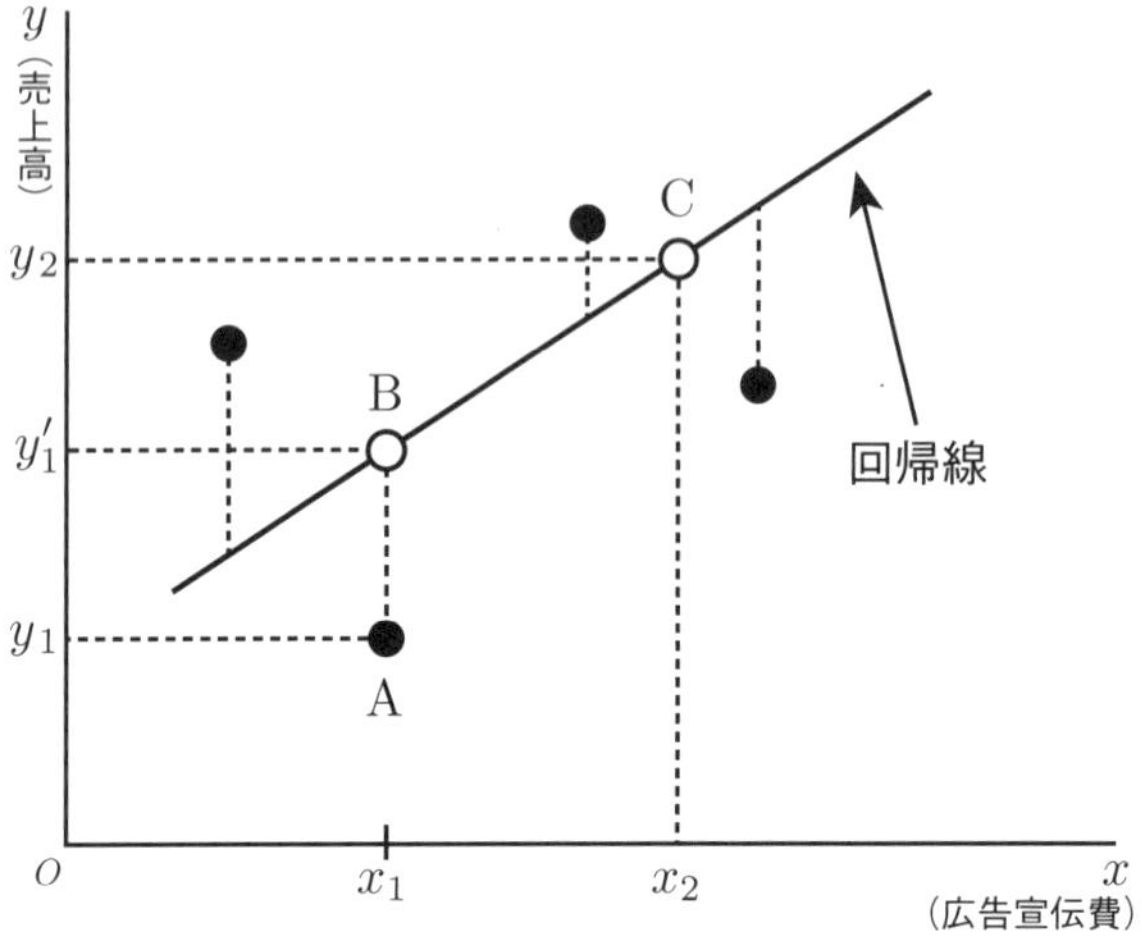

図表5-7　最小二乗法による回帰分析

加はほぼ比例する関係にありそうだ」と見当がつく。

そこで、広告宣伝費と売上高の関係を一本の直線で近似することが考えられる。図表5－7では、これを「回帰線」として示してある。

例えば広告宣伝費がx_1の場合、得られたデータは点A（売上高はy_1）なのだが、この方法によれば、それを回帰線の上にある点Bで近似するわけである。

そして、データが得られていない場合を、回帰線で近似する。例えば、「広告宣伝費がx_2の場合には、売上高は点Cの縦座標であるy_2であろう」と考えるのである。

最小二乗法による回帰線の決定

では、回帰線をどのように決めれば良いだろうか？

大雑把に言えば、できるだけ多くの黒丸が回帰線の近くになるようにすれば良い。

もう少し正確に言えば、つぎのとおりだ。

広告宣伝費がx_1の場合、本当の売上高はy_1なのだが、右の方法では、これをy'_1で近似している。つまり、誤差が$y'_1 - y_1$になっている。他のデータについても、同様の誤差がある。

そこで、これらの誤差の合計ができるだけ小さくなるように回帰線を決めれば良いだろう。

ただし、誤差はプラスの場合もあるしマイナスの場合もあるので、単純に合計するだけでは、適切でない。

そこで、「誤差の二乗の和を最小にする」ことが考えられる。このための計算式は、ドイツの数学者ヨハン・カール・フリードリヒ・ガウス（１７７７〜１８５５）によって導かれた。この方法を「最小二乗法」という。

さて、以上では、売上高を広告宣伝費で説明することを考えた。この場合の売上高のようなものを「被説明変数」、広告宣伝費のようなものを「説明変数」と呼ぶ。

以上では、説明変数として一つの変数だけを用いたのだが、一般に被説明変数は多くの要因に影響されている。例えば、売上高という被説明変数は、広告宣伝費だけでなく、その時点での景気動向によっても影響を受けるだろう。そこで、景気動向を表わす何らかの指標（例えば、賃金上昇率）をも説明変数に加えることが考えられる。

最小二乗法は、複数の変数を説明変数として用いる場合にも拡張できる。これを「重回帰分析」という（それに対して、一つの説明変数だけを用いる場合を「単回帰分析」という）。

重回帰分析は、従来から広く用いられてきた手法だ。考えられる様々な要素を説明変数として用い、当てはまりが最も良い式を採用する。

第3章の**2**で述べたように、マイケル・コシンスキイは、フェイスブックのデータから人格を推定する問題を分析した。彼が用いたのは、「いいね」ボタン押す確率を説明変数とし、性別や年齢など様々な変数を被説明変数とする重回帰分析だった。

ただし、「いいね！」のデータを直接に用いるのでなく、いったんコンポーネント（Component）という変数に変換し、これに用いて回帰分析を行なっている。

ロジスティック曲線による回帰

以上で述べた方法の拡張として、「ロジスティック回帰」という方法もある。

多くの変数が、図表5－8に示されるような挙動を示す。すなわち、時間tの経過とともに増加するが、一定の時間が経過すると、増加率が低下して、変数は一定値に近づく。このS字

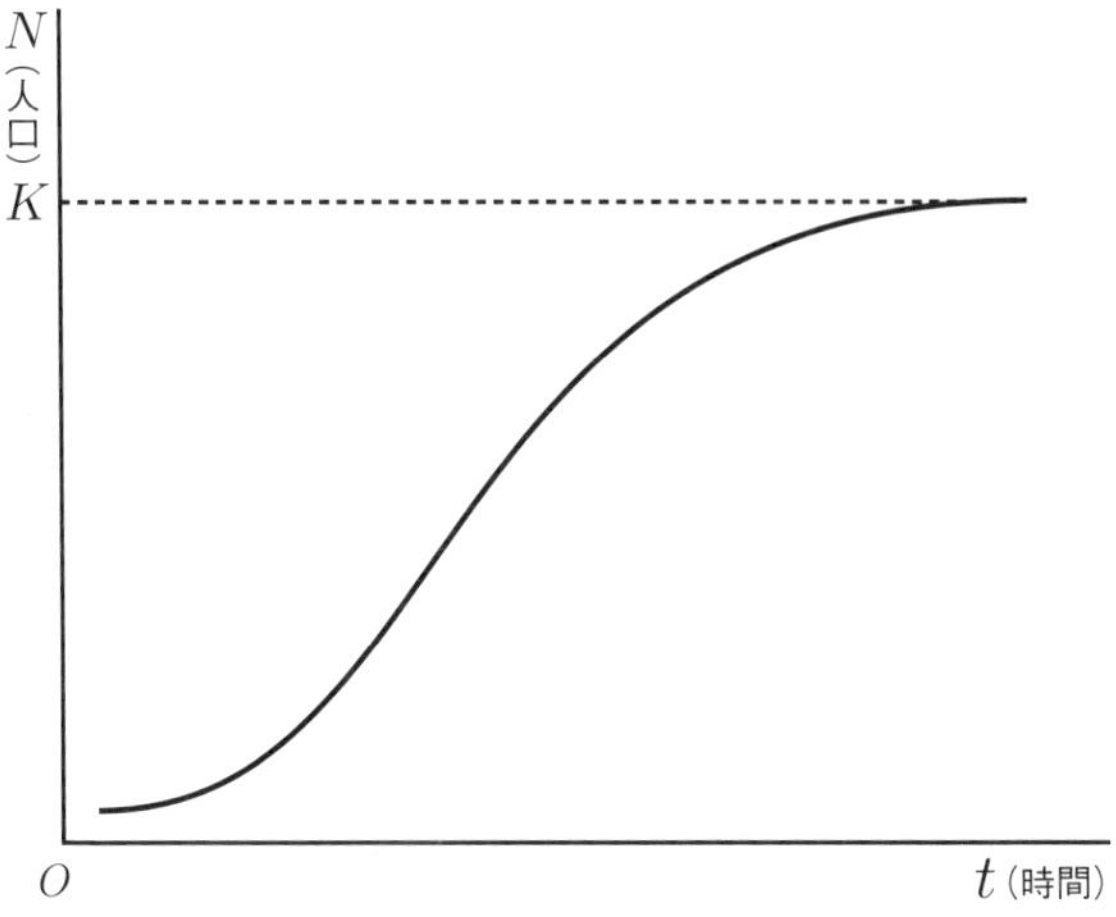

図表5-8　ロジスティック曲線

型の曲線は、「ロジスティック曲線」と呼ばれる。これは、「成長曲線」とも呼ばれる。

ロジスティック曲線のモデルは、マルサスの『人口論』の不自然な点を解消するために提案された。マルサスは、人口は一定の成長率で増加を続けると指摘した。しかし、実際には、資源が限られているため、人口増加にはいずれブレーキがかかり、増加率は低減して、人口はどこかで飽和するはずだ。

そこで、人口の変化の様子を、つぎのようなモデルで説明する。

すなわち、人口をNとするとき、その増加率は、（K－N）に比例するとする。ここで、Kは「環境収容力」と呼ばれるもので、ある環境が維持できる最大人口を表わす。

右のモデルは、「人口増加率が飽和点Kま

での余地に比例する」というモデルだ。すなわち、人口Nが増えて環境収容力Kに近づくほど、人口増加率が減る。そして、NがKに達すると、増加率はゼロになる。

このモデルは、人口の変化以外にも、生物の個体数の変化、商品の普及や流行を説明するために用いられる。また、新技術や新製品の普及、小集団内の情報伝播、ニュースの伝播などにも応用される。製品のライフサイクルの予測に用い、つぎの新製品の発売時期を決定する参考にすることも行なわれる。

3 決定木とランダムフォレスト

決定木

ランダムフォレストは、ディープラーニングが登場する前には、機械学習の手法として最強力のものとされていた。

第1章の**2**で述べたKaggleにおけるタイタニック事故の分析でも、「ランダムフォレスト」モデルが多く使われている。

ランダムフォレストモデルを理解するには、まずその基礎になっている「決定木」(decision

tree）のモデルを理解する必要がある。

「決定木」は、対象となるデータを、いくつかの基準でつぎつぎに分類していく方法だ。ある基準（閾値）によってデータを二つに分け、さらに枝先で同様に別基準でデータを分けることによって、分類する。

分類したいデータを目的変数（被説明変数、または従属変数）と呼び、分類するために用いるデータを説明変数（独立変数）と呼ぶ。

タイタニックの場合には、目的変数は「生存したか否か」である。説明変数は、分析者が選ぶ。例えば、Sex（性別）、Age（年齢）、Class（客室の階級）を選んだものとしよう。

選んだ基準を、どのような順でどのように分類していくかは、コンピュータが学習データを用いて自動的に判断してくれる。

この結果、図表5‐9のように、下に向かって木が成長していくような形の図が得られる（このために、「決定木」と呼ばれるのである）。決定木の最大のメリットは、この図によって、分類ルールを視覚的に理解できることだ。

どのような結果が得られるかは、もちろん学習データとして何を使うかによる。例えば、つぎのような結果が得られるものとしよう。

まず、性別基準でデータを分ける。つぎに、女性であれば、Classで分ける。男性の場合は、

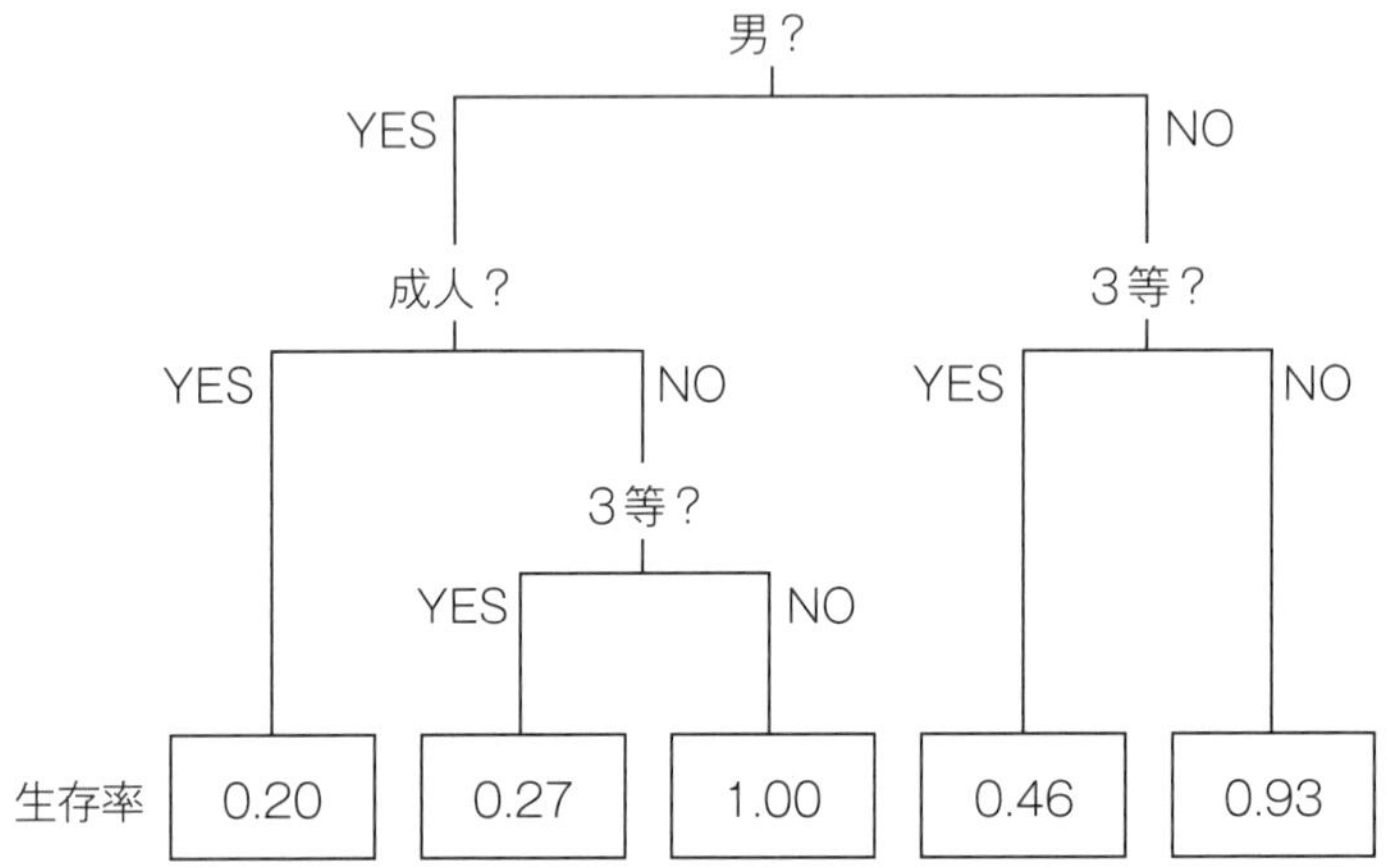

図表5-9　決定木（タイタニック号の分析）

まずAgeで分ける。つぎに、子供であればClassで分ける、といった具合だ。

最終的に、データはいくつかのカテゴリーに分類される。例えば女性で1等客室、男性で成人、等々だ。コンピュータは、学習データについて、各々のカテゴリーでの生存確率を計算してくれる。

Sex、Age、Classを説明変数に選んだ場合の結論は、図表5－9に示すようになる。

女性であり、かつ良い部屋（1等または2等）に泊まっていれば、ほとんど助かった。女性でも3等客室の場合には、生存確率は5割程度。男性の場合、成人であれば、死亡率は高い。子供の場合、良い部屋に泊まっていた場合は、ほとんど助かった。ただし、子供でも3等客室の場合には、生存確率は低い、等々である。

このような分析結果から、タイタニック号が沈没しようとしている時の状況が推測できる。救命ボートの数は乗客数に比べて少なかったため、誰もが乗れるわけではなかった。しかし、現場は混乱しておらず、女性や子供を優先的に避難させるというルールにしたがって、整然と救命ボートに乗せられたようだ。

つぎの諸点に注意しよう。

第一に、分析者は、説明変数の他にも、モデルのいくつかの仕様を設定することができる。この作業は、モデルのチューニングと呼ばれる。一般に、モデルはチューニングすることが可能であり、チューニングしないと良い結果が出ない。

第6章で述べるデータ処理とモデルのチューニングによって、同じ学習データであっても、成績が異なるのだ。Kaggleのコンペでは、100点満点を取った投稿もある。

第二に、ビッグデータでなくとも、AIを用いることができる。タイタニック・コンペでの学習データは、乗客891名のものだ。これは、ビッグデータとは言えないが、意味ある分析を行なうことができる。

第三に、この程度のサイズのデータ分析であれば、普通の人が用いているPCでも、十分実行することができる。

一般に、AIというと、「ビッグデータを用いてスーパーコンピュータで計算するもの」と

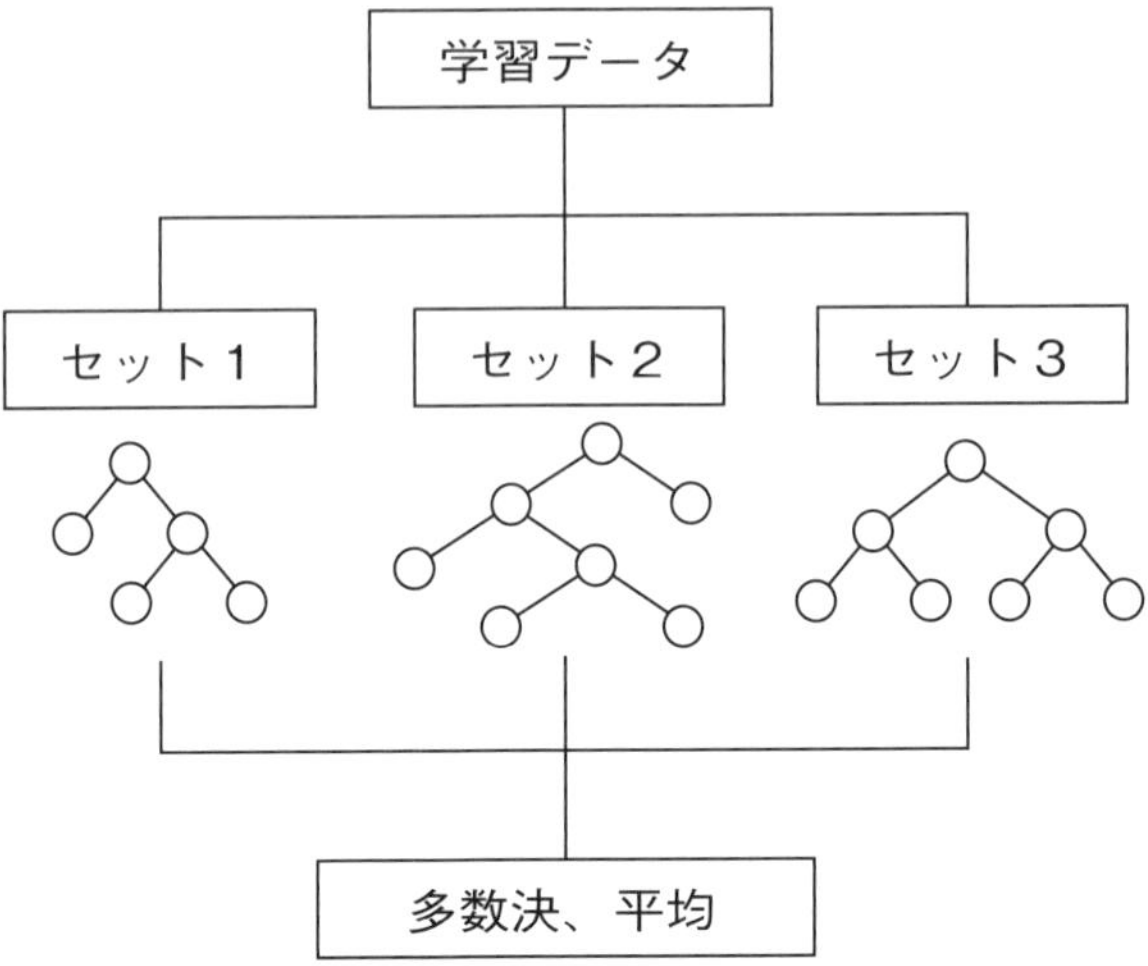

図表5-10　ランダムフォレスト

いうイメージが強い。確かに、ニューラルネットワークモデルのディープラーニングでパタン認識を行なうような場合には、そうなるだろう。しかし、そうしたものだけがＡＩではないのだ。

ランダムフォレスト

決定木モデルの問題点として、「過学習」がある。これは、用いた学習データの特殊条件を学習しすぎてしまうことだ（第７章参照）。これに対処するため、「ランダムフォレスト」が用いられる。

ランダムフォレストは、決定木を複数作り、それらの結果を総合的に判断する（多数決や平均を取る）手法だ（図表５－10）。これによって、決定木の過学習を平準化することができ、精度の高い結果が得られるとされる（複数の学習機の結果を融合する手法を、一般に「アンサンブル学習」という）。

決定木モデルの場合には、説明変数（分類の基準）は、例えば、Sex、Age、Classというように、分析者が選ぶ。それに対して、ランダムフォレストでは、コンピュータが説明変数のうちいくつかをランダムに選び、それらの中で最もうまく分割できる変数を用いて分割する（「うまく」というのは、何らかの定量的基準で判断する）。「すべての説明変数を用いるのではない」というのがポイントだ。

さらに、用いるデータを木によって変える。もとの学習データから、ある決定木を作成するための「サブ学習データ」を抽出する（同じデータを何回も抽出することもある。このような抽出手法を、「ブートストラップ・サンプリング」という）。

以上二つの操作によって、複数作る木の多様性を確保するのである。なお、モデルのパラメータとしては、つぎのようなものが設定できる。生成する木の数。分岐に用いる説明変数の数、分割する際の最小データ数など。

4 SVMによるパタン認識

最強力の手法と考えられていたSVM

暫く前までは、サポートベクターマシン（Support Vector Machine: SVM）が、パタン認識の最強力の手法だと考えられていた。

この方法では、データを分析して、いくつかのグループに分けることによってパタン認識を行なう。

図表5－11の白丸と黒丸は、図表5－2のものを再掲したものである。問題は、ここにある点を黒（リンゴ）と白（バナナ）で示す二つのグループに分類することだ。図表5－11のように、直線で分けることを考える。

SVMでは、正しい直線（分類基準）を見出すために、「マージン最大化」という手法を使う。これは、データの中で他のグループと最も近い位置にいるもの（これを「サポートベクター」と呼ぶ）と境界を表わす直線との距離が最も大きくなるように、境界線を引くことだ。

これは、「マージン」という概念で表わされる。マージンとは、「境界とサポートベクターとの距離」である。SVMは、「マージンを最大化する」（二つのグループの差異が最大になる）と

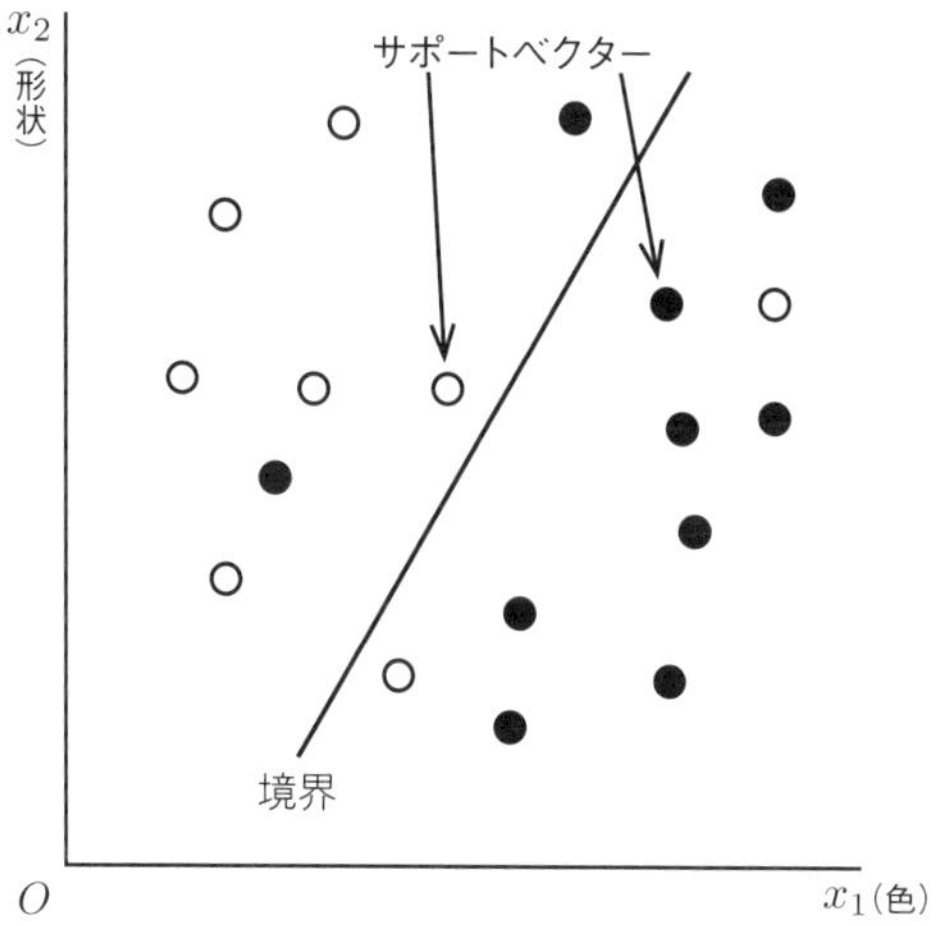

図表5-11　2次元の場合のSVM

いう基準で分類をしているのだ。

こうすると、「新しいデータが入ってきた時に誤判定してしまう」というミスを少なくすることができる。

より複雑な場合

図表５－11は、画像の特徴が二つの変数x_1とx_2で表わされている場合だが、実際には変数がもっと多い場合もある。そうした場合には、図表５－12のような多次元空間において、超平面による分割を行なう。

ところで、現実のデータには、直線や平面で分割できない場合がある。こうした場合には、「カーネルトリック」と呼ばれる手法を使って扱うことができる（その内容は、本書のレベルを超えるので、省略する。図表５－13

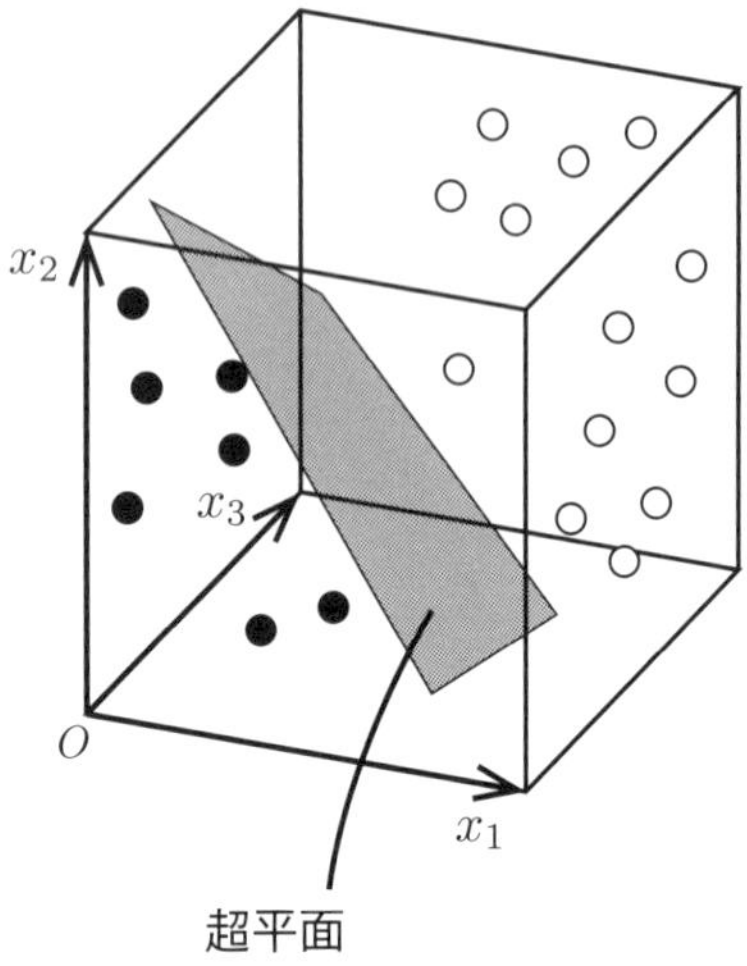

図表5-12　多次元の場合のSVM

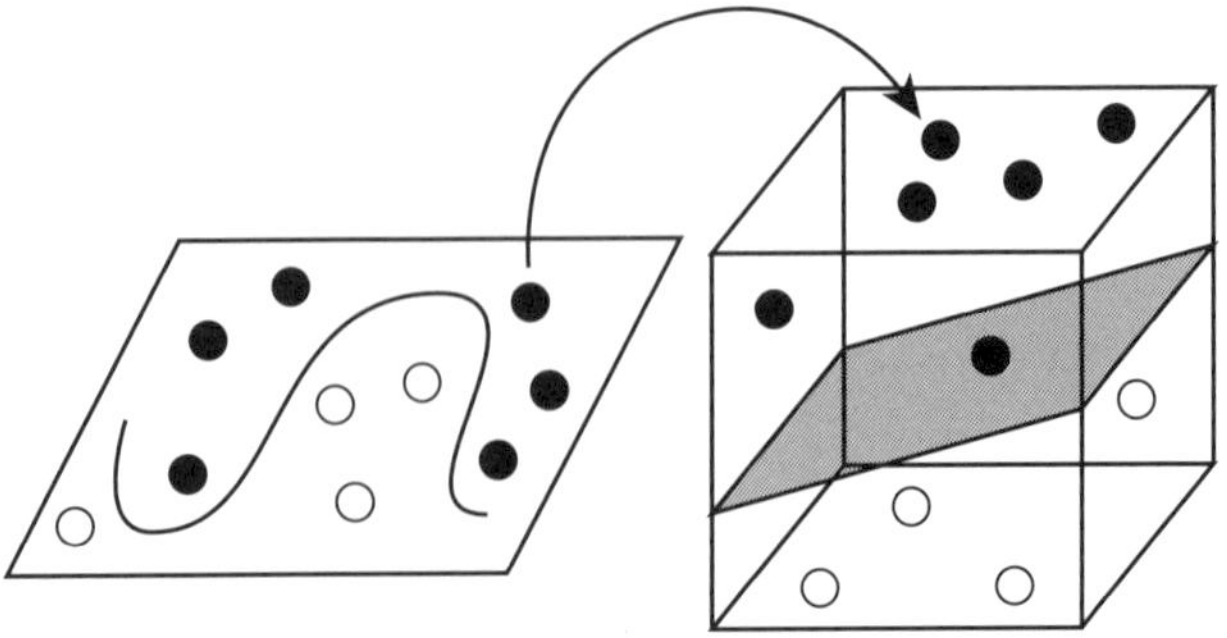

図表5-13　カーネルトリック

参照）。

この方法によって、ＳＶＭの適用可能範囲は大きく広がった。

なお、ＳＶＭは、通常いわれる意味でのパタン認識以外にも利用できる。例えば、スパムメールの検出、不正取引の検出などにも利用できる。

5　ベイズのアプローチ

データで事前判断を修正する

機械学習の方法としては、「ベイズのアプローチ」と呼ばれるものもある。以下では、これについて説明しよう。

「明日雨が降るかどうか？」を予測することを考えて見よう。

われわれは、日常的に、つぎのような判断をしている。

それは、「事前にある判断を持っているが、情報が得られれば、その判断を修正する」というアプローチだ。つまり、情報を見ながら、学習をしていくのである。

いまの季節なら、平年だと降水確率は10％程度だということを知っているとしよう。ところが、西の空に黒い雲が見える。「それなら、確率は30％程度か」などと判断を修正する。「黒い雲が見える」という観測結果を用いて、雨が降る確率の判断を修正したのだ。

日常生活でのこうした判断の修正は、過去の経験などに基づいて直感的に行なっている。「ベイズのアプローチ」は、それを数学的に定式化したものだ。

なお、多くの問題において、複数の原因と結果があり、因果関係は単純な一対一ではない。後で述べる「ベイジアンネットワーク」は、こうした問題を扱うための手法だ。

ベイズのアプローチによれば、原因から結果への因果関係が分かっている時、観測された結果から原因を推測することができる。因果関係を図で見られるので、直観的に理解しやすい。

この点で、人間の思考法に近い。

事前確率と尤度から事後確率を導く

ベイズのアプローチでは、つぎの四つの確率を考える。
（1）第一は、「いまの時期に雨が降る平均的な確率」だ。これは、「事前確率」と呼ばれる。これは、過去のデータから分かっているとする。例えば、0・1だとしよう。
（2）第二は、「明日が雨の場合に、黒い雲が出る確率」だ。これは、「尤度《ゆうど》」と呼ばれる。雨が原因で雲が結果だから、これは、原因 ↓ 結果の確率を示すものだ。

この値は、過去のデータから、０・８であることが分かっているとする。

（３）第三は、「黒い雲が出る平均的な確率」だ。「明日が雨にならなくとも黒い雲が出ることはある」ことに注意しよう。過去のデータから、この値は０・１だと分かっているとする。

（４）第四は、「黒い雲が出ている時、明日雨になる確率」だ。これは、「事後確率」と呼ばれる。知りたいのは、これである。（３）と（４）の確率は「条件付き確率」と呼ばれる。

ベイズの定理

ところで、これらの間には、つぎの関係が成立することが知られている。これを「ベイズの定理」という（この式の証明はごく簡単だ。注を参照）。

すなわち、「雲が出ている時、雨になる確率」は、「雨になる時、雲が出る確率」と「雨の確率」の積を、「雲が出る確率」で割ることによって与えられる。

先に述べたように、「雨になる時、雲が出る確率」、「雨の確率」、「雲が出る確率」の値は、過去のデータから知られているので、これらを代入して計算してみると、「雲が出ている時、

（注）「雲がある時に明日雨になる確率」に「雲が出る確率」を掛けると、「雲があり、かつ雨になる確率」になる。同様の理由で、「雨になる時、雲が出る確率」と「雨の確率」の積も、「雲があり、かつ雨になる確率」だ。したがって、両者は等しい。この両辺を「雲が出る確率」で割れば、ベイズの定理が得られる。

雨になる確率」は、0・8となる。

これは、「事前にある判断を持っているが、情報が得られれば、その判断を修正する」というアプローチだ。つまり、学習をしていくのである。

この時期に雨が降る平均的な確率は、0・1でしかなかった。だから、雲を観察していなければ、数日間外出する人も傘を持たずに出かけるだろう。しかし、黒い雲が観測されれば、雨になる確率は8倍にも高まるので、傘を持って出かけるだろう。このように、情報は、人々の行動に影響を与える。

ここで、「雲が出る確率」として様々な値を与えて計算すると、つぎのことが分かる。雲が出る確率の値が大きければ、判断はあまり変わらない。黒い雲が見えても、それは「よく起こることが起きている」に過ぎないので、人々の判断に影響する度合いは小さい。しかし、雲が出る確率の値が小さければ、判断に与える影響は大きい。「滅多に起こらないことが起きている」ので、人々の判断に影響する度合いが大きいのだ。

ベイズの定理は、18世紀のイギリスの牧師で数学者のトーマス・ベイズによって見出された。そして、フランスの数学者ピエール＝シモン・ラプラスによって広められた。

1950年代から、ベイズ統計学を支持する人たちが増えてきた（私が最初にこの考えに触れたのは、1960年代の末である）。しかし、正統的な統計学者は、この考えに否定的だった。

正統的な統計学では、「分布のパラメータに関する仮説を立て、得られたデータで検証する」という方法をとっていたからだ。

最近よく使われるようになったのは、機械学習やビッグデータとの関連で有効利用ができるようになったからである。

迷惑メールのフィルタとして利用

ベイズのアプローチは、迷惑メールのフィルタとして実際に使われている。

目的は、あるメールが迷惑メールかどうかをＡＩによって自動判定することだ。これを、そのメールに含まれている言葉で判定することにする。もしこれが一定率以上なら、迷惑メールだと判断して削除することにする。

例えば、「キャンペーン」という言葉がメールに入っているかどうかで、迷惑メールか否かを判定することとしよう。

あるメールに「キャンペーン」という言葉が入っていた。これが迷惑メールである確率はどのくらいか？

この場合に、知られているのは、「迷惑メールにキャンペーンという言葉が入っている確率」、つまり原因 ↓ 結果の因果だ。知りたいことは、「キャンペーンという言葉が入っているメールが迷惑メールである確率だ」。つまり、結果→原因だ。

あるいは、迷惑メールの事前確率が分かっている時、「キャンペーン」という情報で、その判断がどのように変わるかを知ることだ。右で述べた雨の分析と同じように、「迷惑メールの確率」、「キャンペーンという言葉が入っている確率」、「迷惑メールにキャンペーンという言葉が入っている確率」が分かれば、これを計算できる。

ベイジアンネットワーク

以上で見たように、原因から結果への因果関係が分かっている時、ベイズのアプローチを用いれば、観測された結果から原因を推測することができる。

ところで、以上では、一つの原因が一つの結果をもたらす場合を考えた。実際の現象は、もっと複雑だ。複数の原因と結果があり、因果関係は単純な一対一ではない。こうした問題を扱うのに、「ベイジアンネットワーク」という手法が使われる。

この手法を、つぎの例を用いて説明しよう。

いま、芝生は、雨が降るか、スプリンクラーが作動するかによって濡れるものとしよう。雨が降らなければ、スプリンクラーはある確率で作動するものとしよう。ただし、確実に作動するわけではないとする。また、雨が降った場合には水やりは必要はないのだが、ある確率

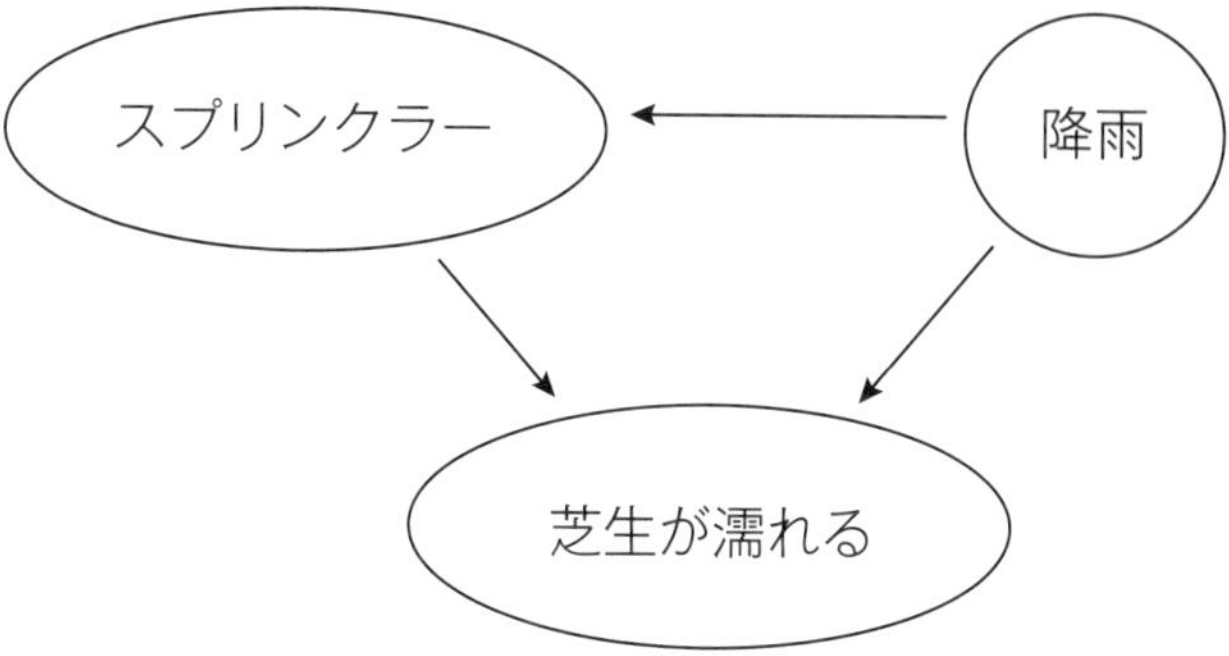

図表5-14　ベイジアンネットワーク（スプリンクラー問題）

でスプリンクラーが作動してしまうものとしよう。

朝、芝生が濡れていることを観察したとする。この場合、「昨夜雨が降ったのか？」を知りたい。

芝生が濡れていたとしても、スプリンクラーで濡れた可能性があるから、雨が降ったかどうかは、直ちには分からないわけだ。

この答えは、雨が降る確率、スプリンクラーの作動に関する確率、雨が降ったりスプリンクラーが作動したりする場合に芝生が濡れる確率などに依存する。

これらは、「原因　→　結果」に関する情報である。それらが分かっている時、「濡れている」という「結果」から、「雨」という「原因」を推定しようとするわけである。

この点では、前の場合と同じだ（前の例では、「明日雨なら黒い雲が出る」という「原因　→　結果」の確率が分かっている場合に、「黒い雲が出ている場合、雨になる」という

「結果→原因」の確率を求めた）。

違いは、「濡れる」という結果をもたらす原因が、二つ（「雨」と「スプリンクラー」）あることだ。しかも、それらの間で「原因→結果」の関係がある（雨が降らなければ、スプリンクラーが作動する）。だから、問題はかなり複雑になるだろうと想像される。

以上で設定した問題は、「拡張したベイズの公式」を用いて解くことができる。その詳細は、巻末の「第5章補論　ベイジアンネットワーク：要因が複数ある場合の因果関係の分析」で説明している。

コンピュータで自動的にモデルを構築

ベイジアンネットワークの計算は、原因や結果の数が少なければ手計算でできるが、それらが増えると面倒になる。

そこで、自動的に計算できるアプリがいくつも作られている。それらのマニュアルを見ると、どんな内容かが分かる。

まず、原因や結果として何を選ぶかを決める（これは、専門家の判断などによる）。つぎに、事前確率と条件付き確率を与える（これはデータによるが、なければ経験的な判断で与えることもある）。そして、観測結果を代入すると、原因の確率を計算して示してくれる。

これだけならＰＣのスプレッドシートを使って自分でもできるが、アプリは、モデルの自動構築機能も持っている。

すなわち、データを与えると、学習をして、ネットワークを自動的に組み立ててくれる。この際、専門家の知識などがある場合は、それを事前に取り入れることができる。原因や結果が数百、数千あっても扱える。こうなると、まさにＡＩだ。

ベイジアンネットワークは、本章の**2**で説明した回帰分析より優れている。まず、回帰式では説明される変数は一つだが、ベイジアンネットワークではもっと複雑な因果関係を扱える。また、因果関係を図で見られるので、直観的に理解しやすい。この点で、人間の思考法に近い。

すでに述べたように、ディープラーニングという機械学習の手法では、最終的にＡＩがどのような構造で理解しているのかが、人間には分からないという問題がある。

ディープラーニングの場合に、そうした懸念が生じるのは、もっともなことだ。しかし、機械学習のすべてがディープラーニングであるわけではない。ベイジアンネットワークでは、因果関係が図で示されるので、コンピュータの思考を人間が把握することができる。

データ駆動的なシステム運営が可能になる

ベイジアンネットワークは、データから原因を判断する問題一般に適用できる。あるデータが得られた場合に、その原因を突き止めることだ。応用例は、多岐にわたる。従来から行なわれてきたものは、すでに述べたスパムメール検出のためのフィルタだ。メールに含まれている文言などから、スパムか否かを自動的に判断する。

侵入の探知などにも用いられる。医療では、自動診療への応用が進められている。また、機械修理のための自動診断プログラムも作られている。

以上のような病気診断、故障診断へのベイジアンネットワークの応用は、今後も広がるだろう。エキスパートの知見、判断、経験を生かしつつ、しかも人間では把握しきれないほど複雑な対象を扱える点は、大きな利点だ。

企業経営に応用すれば、状況変化に敏速に対応する経営が実現できる。

ベイジアンネットワークの応用対象は、他にもある。データから人格を推定する「プロファイリング」のための手法としても有効だ。音声認識、文字認識、データマイニングにも使われる。

災害による犠牲者の同定ではＤＮＡ鑑定が行なわれるが、本人の十分なデータが得られない場合に、血縁者のＤＮＡデータを用い、ベイジアンネットワークで推定することが行なわれる。

地下資源の探索でも使われる。この場合、データを得るのにコストがかかるが、どのようなデータを集めたら良いかの判断に用いられる。

以上のような分析を行なうのはデータサイエンスと呼ばれる分野だが、日本では人材が不足している。これにどう対処するかが、重要な課題だ。

なお、プロファイリングやフィルタリングなどの応用の手法と機械学習の手法とは、必ずしも一対一で対応しているわけではない。

第6章 データはAIの栄養源

１　ＡＩの機械学習にビッグデータが用いられる

ビッグデータ：これまでは利用できなかったデータ

スマートフォン利用の広がりなどによって、これまではなかったデータが、大量に利用できるようになってきた。これらは「ビッグデータ」と呼ばれる。

例えば、スマートフォンを利用してメールを送ったとする。その情報は、相手に届くだけではない。メールを運営している主体（Gmailであればグーグル）も、その情報を入手でき、利用することができる。

検索の際に入力した情報や、カレンダーに記入した情報についても同様だ。マップの利用経歴やウェブショップでの購入履歴なども、ビッグデータとして利用される。こうした利用は、必ずしも情報の発信者が意識しているものではないが、結果的には利用される。

こうしたデータは、一つ一つを取ってみれば、さして経済的な価値があるものとは言えない。しかし、集積され、ビッグデータとなることによって、きわめて高い価値を持つことになる。

なおビッグデータは、スマートフォンやＰＣの利用で集められるだけではない。

例えば、コンビニエンスストアのポイントカードによっても、情報が得られる。コンビニエンスストアがポイントカード利用を勧めるのは、かつては顧客の囲い込みのためだったが、現在ではデータの取得が主たる目的になっている。

どのくらい「大きい」か？

ビッグデータは、これまでのデータと比べて何が違うか？

まず、その名が示すように、データのサイズが大きい。

暫く前までは、データサイズの単位として、「メガバイト」を使うことが多かった。これは、1バイトの100万倍（10^6倍）である（「0か1か」という情報を「1ビット」という。8ビットが1バイトだ）。数年前からは、PCの容量や外付けハードディスクの容量などを表わすのに、ギガバイトがよく使われるようになった。これは、1バイトの10億倍（10^9倍）である。

しかし、ビッグデータでは、「ペタバイト」が単位として使われる。これは、メガの10億倍だ。1メートルを10億倍すれば100万kmになるが、これは月までの距離の約2・6倍だ。

だから、メガバイトからペタバイトになったというのは、これまで人間の身体のサイズで仕事をしていたのを、宇宙的サイズに拡大したようなものだ。

これだけ大きな変化があったのだから、質的な変化が生じるのは当然だ。仕事の内容や方法が変わらないはずはない。

非構造化データとは何か？

ビッグデータは、量が膨大なだけでなく、性質も従来のデータとは違う。

これまでデータ分析で使われてきたのは、「構造化データ」と呼ばれるものだ。これは、ＣＳＶファイルやエクセルファイルのように、「列」と「行」の概念があるデータである。構造化データは簡単に分析できる。なぜなら、「どこに何があるか」が列で決められており、しかもデータは数字で表わされているため、演算、比較などが容易にできるからだ。

ところが、ビッグデータの中には、これとは性質の違うものが含まれている。これらは、「非構造化データ」と呼ばれる。

非構造化データにはまず、データは数字で表わされているが、統一的な列と行で整理できていないものがある。

さらに、データが数字で表わされていないものもある。数値で表わされない非構造化データには、実に様々なものがある。

まず、新聞・雑誌などの活字データや図、写真データ、ラジオやテレビ放送などの音声データや映像データがある。これらは以前から存在していた非構造化データだが、データ分析にはあまり用いられていなかった。これらに加え、最近では、メールやＳＮＳなどの文字データ、検索履歴、ＧＰＳから送信されるデータなどが利用可能になっている。

こうなると、構造化データだけでなく、数字データではない新しいタイプのものも含めた非構造化データの分析と利用が重要な課題になってくる。

統計的な処理においては、データを数値で表わす必要がある。したがって、新しいタイプのデータは、そのままでは、従来の統計学の手法では扱うことができない。

ＡＩの機械学習の訓練データに用いる

第５章で述べたように、ＡＩの機械学習で、「学習データ（訓練データ）」が用いられる。これによって、モデルのパラメータ（係数など）を調整し、最適化されたモデルで予測などを行なうのだ。

ＡＩの学習データはビッグデータである必要はないが、ビッグデータを用いるほうが精度の高い結果を得られる場合が多い。したがって、ＡＩの技術開発においては、ビッグデータをどれだけ集められるかが重要だ。

それを簡単に集められる中国は、ＡＩのディープラーニングにおいて、有利な立場に立つ。この問題は、第８章で再述する。

2　これまでの定量分析とビッグデータの違い

これまでの定量分析と何が違うか？

これまでも定量的な評価は行なわれてきた。ＡＩがそれと違うのは、データを用いて機械学習を行なっていることだ。

単にコンピュータを用いているだけのものを「ＡＩを用いたサービス」と言っていることがある。だから、どんなデータを用いてどんな機械学習を行なっているかを明らかにしていないＡＩサービスには、注意が必要だ。

第3章の**3**で述べたように、金融機関が貸し付けにあたって、相手の信用度をＡＩによって評価する仕組み（ＡＩスコアリング）が導入されつつある。

ところが、信用度を数値で定量化する試みは、いま始まったものではなく、これまでもなされてきた。

アメリカには、「ＦＩＣＯスコア」というものがある。これは、クレジットカードの購買履歴、各種のローンの支払い履歴、公共料金の支払いなどの情報をもとに、個人のクレジットスコアを算出するものだ。多くのローン会社が審査に使っている。

1990年代に、米大手銀行であるウェルスファーゴが、クレジットスコアリングを用いた中小企業向けの融資を導入した。他の大手銀行も、これに追随した。

日本でも、消費者金融会社や信販会社がこの技術を導入した。1998年には、東京都民銀行がクレジットスコアリング型融資の取り扱いを開始した。メガバンクもスコアリング融資に取り組んだ。

しかし、スコアリング融資で大量の不良債権が発生した。スコアリング融資で大きな損失を計上したケースとしては、新銀行東京のケースが知られている。

スコアリング融資がうまく機能しなかった原因として、財務データが正確でなかったこと、一部債務者の詐欺的行動があったこと、倒産データの蓄積が少なく信頼性に欠けていたこと、などが指摘される。

AIスコアリングは、どこが新しいのか？

AIスコアリングは、右に述べたスコアリングとは違うものだ。

最大の違いは、客が提供する情報だけでなく、ビッグデータを活用することだ。これまで重視されてきた情報に加え、新しいタイプの情報を活用することによって、精度の高いスコアを作ろうとしているのである。

ＡＩスコアの基礎となっているのは、「プロファイリング」技術だ。

したがって、ＡＩスコアレンディングを行なうには、多くの人や企業に関する大量のデータ、つまりビッグデータが必要である。審査対象となる個人や企業のデータだけをいくら集めても、かつてのスコアリング融資と同じことになってしまう。

例えば、ＳＮＳのデータから返済可能性を推測しようとする場合、ある人のＳＮＳデータと返済の履歴が分かっても、返済可能性は分からない。多数の人のＳＮＳデータと返済の履歴のデータから、それらの間の関係を見出す必要がある。

日本の金融機関はビッグデータを蓄積できるか?

日本の場合にＡＩスコアレンディングが機能するか否かは、金融機関がどれだけのビッグデータを集められるかに依存する。

これまでのように審査対象から資料を提供させるというのとは、まったく違う対応が必要になる。日本の金融機関にそのような対応ができるかが、これから問われることになる。

ＡＩスコアリングは、3章の**3**で述べた運転履歴や医療データから保険料を決める保険をモデルにしたものだ。ただし、保険の場合には、こうしたデータを集める仕組みが開発されている。

しかし、ＡＩスコアリングの場合には、そうした情報を銀行がどのようにして入手できるかが問題である。これは、決して容易なことではない。

また中小企業向け融資には財務データを用いるというが、倒産データの蓄積が十分でない、中小企業では恣意的な会計処理を行なっており財務データが信頼性に欠けるなどの問題がある。

アメリカや中国では、ＳＮＳのデータや電子マネーのデータを取り入れている。第３章の**3**で述べた芝麻信用が強いのは、アリペイ上の決済情報など、アリババグループのサービスや提携サービスの使用状況をデータとして利用できるからである。数値を算出するための大量の個人データを持っていることが重要なのだ。アマゾンが「Amazon レンディング」をできるのも、大量の商流データを持っているからだ。

ＡＩスコアリングは、こうした大量のデータの蓄積があって初めて有効に機能するものだ。日本の金融機関がこうしたデータをどう蓄積できるだろうか？

問題は、日本の金融機関が、ビッグデータを扱えるかどうかだ。それができないと、かつてのスコアリング融資の失敗を繰り返すことになる。

なお、この点に関連して、「情報銀行」の構想がある。これについては、本章の**5**で述べる。

3　ＡＩに学習させる前のデータ処理が重要

タイタニック生存者予測コンテストでのデータ

これまで述べたように、ＡＩでは、機械学習が行なわれる。第5章で述べたように、機械学習の手法としては、ニューラルネットワークをはじめとして、様々なものがある。いまでは、機械学習ライブラリに諸々のアルゴリズムが実装されており、これらはＰＣでも用いることができる。

では、どのモデルを使うかを決め、モデルの仕様を決め、そこに学習データを入れれば、それで良いのだろうか？

確かに、コンピュータは、与えられたデータを用いて機械学習をし、結果を出してくれる。

しかし、これだけで済むわけではない。

なぜなら、集まってきたデータをそのまま活用できるわけではないからだ。データサイエンティストの主要な仕事は、このデータを機械学習に使えるよう整えることだ。それは、以下に述べることから分かるように、職人芸的な「アート」である。

では、それは、実際には、どのような作業なのだろうか？　それを知るのに絶好の教材が、

第1章で述べたKaggleのコンペだ。

タイタニック生存者予測コンテストの場合には、つぎのような学習データがKaggleから提供される。

乗客識別ＩＤ、生存したか否か、チケットクラス、乗客の名前、性別、年齢、同乗している兄弟や配偶者の数、同乗している親と子の数、チケット番号、料金、客室番号、乗船地。

一方、テストデータには、生存のデータだけがない。学習データをもとにモデルを作り、それによってテストデータの各乗客の生死を予測するのだ。学習データには、８９１名の乗客の情報、テストデータには４１８名の乗客の情報がある。

データの欠損値をどう処理するか？

実際のデータには、様々な問題がある。

最も面倒なのは、欠損データの問題だ。つまり、必要なデータがすべて揃っているわけではないのである。タイタニックの場合、年齢や客室番号についてデータが欠損している場合が多い。また、子供がいるかどうかは分かっても、年齢は分からない。

後で述べるように、年齢は生存率の推定において重要な意味を持つと考えられるので、年齢が欠損している場合に、それをいかに補完するか、子供の年齢をどう推計するかは、きわめて重要だ。

単純に考えれば、平均値や中央値を用いることが考えられる。あるいは、階級、性別ごとの年齢の平均値や中央値を利用する方法もある。また、属性が近い人の年齢を使うという考えもある。

しかし、こうした方法でうまくいく保証はない。そこで、様々な工夫がなされる。例えば、敬称によって平均年齢に違いがあることを利用して、年齢の推計に敬称を利用する考えも提起されている。名前の敬称（Mr、Master、Miss、Mrs、Don など）を用いるのだ。

さらに、「そもそもなぜ欠損しているのか?」を考えるべきだとの考えもある。「欠損しているのは、その人が死亡したために、データを取れなかったからではないか?」との考えだ。

職人芸的な作業が重要な意味を持つ

データ分析において、使う変数の種類は、多いほうが良いとは限らない。

データには誤差が含まれていることも多いので、ＡＩがそれを学習してしまうと、学習データにはうまくフィットするが、それ以外のデータを説明できないという問題が発生する。これは、「過学習」と呼ばれる問題だ（これについては、第7章で詳しく論じる）。また、回帰分析では「多重共線性」として知られている問題がある。相関が高い変数を説明変数として用いると、結果が不安定になってしまうのだ。類似の問題が他の分析手法でも生じる可能性がある。

そして、ある変数を用いるとしても、どのような形で用いるかが重要だ。タイタニック号分析の場合で言えば、事故の現場で、乗客や船員がどのように行動していたかについての仮説（あるいはモデル）を作る必要がある。

学習データにおいて、各変数と生存率の相関を取って見ると、まず、年齢と生存率の単相関係数が高いことが分かる。年齢が若いほど、生存した確率が高いのだ。これは、体力の影響かもしれないが、子供から優先的に救助ボートに乗せたというルールの結果である可能性が高い。実際、幼児の生存率は非常に高い。

性別で見た生存率は、男性が0・189で女性が0・742だ。これは、女性を優先的にボートに乗せたためであろう。右に述べたことと考え合わせると、赤ちゃんや幼児を連れた母親は、最優先で救命ボートに乗れた可能性がある。したがって、連れている子供の年齢は、非常に重要なデータになるわけだ。

非常事態では、家族は一緒に行動し、救命ボートもできるだけ一緒に乗ろうとしただろうと考えられる。また、情報の共有もできたかもしれない。したがって、家族なら生死を共にしている可能性が高い。そうであれば、同乗していた家族の人数も重要な意味を持つだろう。

また、同じ家族の他のメンバーが生存したか否かは、重要な意味を持つ。誰と誰が同じ家族だったかを知る必要があり、このためには、名前のデータが重要な意味を持つ。乗船地も意味があるかもしれない（苗字が同じでも、乗船地が違えば、別の家族である可能性が高い）。一見して無意味に思えたこれらのデータが、実は重要な意味を持つこともありうるわけだ。

チケットクラスと生存率との相関も高い。一等客室の乗客は半分以上が生き残っている。他方、三等客室の乗客は約5分の1しか生き残らなかった。これは、一等客室の乗客が優先されて救命ボートに乗ったためであろう。

また、部屋が救命艇の置かれた場所に近ければ助かった可能性もある。そうであれば、客室番号は意味があるデータになるわけだ。

Kaggle のコンペに投稿されている分析は、以上のような点について、様々な工夫をこらして、データの事前処理をしている。機械学習では、データの事前処理が仕事の9割の仕事を占めるといわれるほど重要な作業だ。

Kaggle のサイトには Kernels というセクションがあり、世界中のデータサイエンティストたちが手法を公開している。

これを見ていると、ＡＩの利用とは、「データさえ揃えば、後はコンピュータが自動的にやってくれる」とは全く違うことが分かる。「アート」あるいは「職人芸」といっても良い手作業的な工夫が重要なのだ。「ＡＩに聞けば何でも教えてくれる」ようなものとはほど遠い。

4 情報が判断を決める

データ駆動型経営

データサイエンスを活用する経営は、「データ駆動型経営」といわれる。

企業経営に応用すれば、状況変化に敏速に対応する「データ駆動型経営」が実現できる。

これまでは、企業の経営者が経験や直観などに基づいて、事業戦略を決定していた。もちろんデータは使われてきたが、それは、実行されている戦略の有効性をテストするためのものであった。だから、まったく新しい事態が生じても、従来の戦略が続けられる場合が多かった。

それに対して、データ駆動型の経営では、新しい事態が生じればそれがデータに表われるので、戦略が自動的に変更される。

ところで、データ駆動型アプローチによって、ある戦略を示された場合、経営者がそれを是とするだろうか?

「私はコンピュータには指示されない。自分の経営判断のほうが正しい」と主張することが十分にあり得る。

経営者だけではない。エキスパートは、自分の仕事がデータサイエンティストに奪われてしまうことに対して、強く反対するだろう。

データ駆動型への転換は、発想の基本的な転換を要するものであり、それほど容易なことではない。

情報への正しい態度が成功の確率を高める

情報の価値を正しく評価し、それに対応するのは、きわめて難しい。このことをよく示しているのが、あるテレビ・ショウで行なわれたつぎのゲームだ（なお、以下の説明では、実際に行なわれたのとは設定を若干変えてある。ただし、問題の本質は変わらない）。

ここに、３つの箱Ａ、Ｂ、Ｃがある。一つにはダイヤモンドが入っている。他の二つは空だ。回答者は、ダイヤがどの箱に入っているかを正しく当てれば、そのダイヤをもらえる。叩いたり、箱の重さを量ったりしてはいけない。

司会者は、回答者が箱を選択したあとで、その箱を閉じたままにして、残りの二つのうち一つを取り、それが空であることを見せる。そして、回答者に「選択を変えても良い」と言う。では、回答者は選択を変えるべきか？

回答者が選んだ箱はＡであり、司会者が開いた箱はＣであるものとしよう。多くの人は、つぎのように答える。

「司会者の行動で分かったのは、ダイヤがCの箱にはないことだ。ダイヤがAかBのどちらにあるのかは依然として分からない。だから、各々の箱にダイヤがある確率は1／2ずつだ。したがって、選択を変えてBにしても、変えずにAのままでも、ダイヤを貰える確率は同じだ」

ところが、正解は、「選択をBに変えるべきだ。そうすれば、ダイヤを貰える確率は2倍になる」ということなのである。

モンティ・ホール問題

なぜ選択を変えるほうが良いのか？　その理由は、つぎのとおりだ。

まず、司会者がCを開く前の段階では、ダイヤが入っている確率はどの箱も等しく1／3である。だから、BかCのいずれかにある確率は、2／3ということになる。

ところが、司会者がCは空と示した。だから、Cにある確率はゼロになった。

ただし、「BかCにある確率が2／3」ということは変わらない。なぜなら、Aにある確率は、依然として1／3のままであるのだから、BかCにある確率は、$1-\frac{1}{3}=\frac{2}{3}$だ。

ところで、Cにある確率はゼロだと分かったのだから、結局のところ、Bにある確率が2／3になったことになる。

一方、Aにある確率は依然として1／3だ。したがって、選択をAからBに変えれば、当たる確率は１／３から２／３になる。つまり、２倍になる。

しかし、この場合に「選択を変えるほうが良い」という結論は、人間の直観に反するものだ。どうしても、「ダイヤがＡかＢのどちらにあるかのかは依然として分からないのだから、確率は１／２ずつだ」と考えてしまうのである。

それ故に、この問題（「モンティ・ホール問題」と呼ばれる）は、１９９０年、91年に、アメリカで専門の数学者も巻き込んで大論争になったのである。

その経緯は非常に面白い話なのだが、ここでは、そのエピソードを紹介するのではなく、違う観点からこの問題を眺めてみたい。それは、「選択を変えるべき情報が、司会者によって与えられたのかどうか？」ということである。

なお、右の説明は、若干分かりにくいかもしれない。この問題は、第5章で述べた「ベイズの定理」を適用すれば、一歩一歩着実に解くことができる。

隠されている情報を見逃さずに活用できるか？

テレビ・ショウの会場に宇宙人が空飛ぶ円盤に乗って現われたとしよう。ただし、それは、司会者がＣを開いた後であるとする。だから、宇宙人は回答者がＡを選んだことを知らない。

この場合、宇宙人には、「ダイヤが入っているのはＡかＢで、確率も１／２ずつ」と考える。

したがって、「AとBのどちらを選んでも同じだ」と判断する。多くの人は、この宇宙人と同じように考えているのだ。

しかし、テレビ・ショウに出演している回答者は宇宙人が持っていない情報を持っているのである。これがポイントだ。

回答者は（当然のことながら）自分がAを選んだことを知っている。だから、「司会者が開くのは、BかCしかない」と推論できる。

回答者はさらに、司会者が正しい答えを知っていることも知っている。だから、つぎのように推論できる。仮にダイヤがAにあれば、BとCのどちらを開いても同じことだから、司会者は開く箱をランダムに決めるだろう。例えばサイコロを振って決めるだろう。この場合には、司会者は何の情報も回答者に与えないことになる。こうなる確率は1／3だ。

しかし、仮にダイヤがBかCにあれば、司会者は開く箱を決めるのに、自分が持っている情報を用いる。そうすることによって、司会者は回答者に有用な情報を与えることになる。右の例では、「ダイヤはBにある」と教えているのである。こうなる確率は2／3だから、司会者は2／3の確率で有用な情報を発信しているのだ。

結局、司会者の行動が価値がある情報となる確率のほうが高いから、それを考慮すべきだ。

	ケース①	ケース②	ケース③
箱	情報なし	Aを選び、Cは空	宇宙人(Cが空としか知らない)
A	1／3	1／3	1／2
B	1／3	2／3	1／2
C	1／3	0	0

図表6-1　様々な情報状態の下での確率

確率は、情報によって変化する

モンティ・ホール問題が示しているのは、「確率」とは、「どのような情報を得た後でのものか？」を明らかにしないと特定できないということだ。

この問題をまとめると、図表６－１のようになる。

ケース①は情報がまったくない場合で、この場合の確率判断は、どの箱も１／３だ。

ケース②は、「回答者がＡを選び、司会者がＣは空と示した」後での確率判断だ。Ａは１／３で、Ｂは２／３になる。

ケース③は、「司会者がＣは空と示した」ことしか知らない宇宙人の場合だ。この場合には、確率判断はＡもＢも１／２だ。

ケース②と③では、判断者が持つ情報が異なるのである。ケース③では、「回答者がＡを選んだ」ということは知られていない。ところが、この事実は、Ａが空である場合には、司会者が箱を開く行動に影響している。仮にＣが当たりなら、司会者はCを開かない。したがって、司会者がCを開いたという事実は、Bが当たりであることを示している。この情報があるがために、②と③の確率判断は異なるのだ。

この問題でまず考えるべきことは、司会者の行動に情報価値があるかないかの判断なのである。彼は残った2つの箱のうちダイヤが入っていない箱を開けたのだから、これは新しい情報を与えているのだ。それは、行動を変えるに値するものなのである。

どんな場合においても、同様のことを考える必要がある。日常生活においても、様々な事象の中には、重要な情報価値があるものが含まれているかもしれない。それを見出せるか否かは、大きな差をもたらす。

情報が得られれば、確率判断は異なるものとなりうる。だから、その有用性を評価して、必要なら行動を変えるべきだ。

「そんなことは先刻知っている」と言われるかもしれない。例えば、「天気予報を聞いて、傘を持参するかどうかを決めている」と。そのとおりだ。

しかし、右に見た例のように、有用な情報であるにもかかわらず、有用かどうかがはっきりしない場合もある。実際、回答者は宇宙人より有利な立場にいるにもかかわらず、多くの人は、その有利性を活用できずに、宇宙人と同じ回答をするのである。

注意深く考えれば、漠然とではあっても、つぎのように思い付くのではないだろうか？「司会者が箱を開く時、つねにランダムに行動するだろうか？　持っている情報を使う場合があるように思える。だから、彼は何らかの情報を発信するはずだ」。

これだけで正解に辿りつけるわけではない。しかし、「人々は、すべての行動をランダムに決めているのではないはずだから、その行動には何らかの意味がある」と考えることは、正しい答えに辿りつく第一歩だ（ただし、すべての情報がプラスの価値を持っているわけではない。マイナスの価値を持つ情報があることにも注意が必要だ。これについては、「過学習」の問題として、第7章で論じる）。

シャーロック・ホームズの推理

「人々は隠されている情報を見抜けない」ということは、ここで述べたような確率論的な場合に限らない。

コナン・ドイルは、シャーロック・ホームズ・シリーズの『白銀号事件』で、有名な例を示している。

ウェセックス・カップの本命馬である白銀号（シルヴァーブレイズ）が、夜中に厩舎から連れ去られた。さらに調教師のストレイカーが死体で発見された。

シャーロック・ホームズが調査を開始する。

「事件があった夜、犬が吠えなかったか?」というホームズの問いに、ロンドン警視庁から捜査に来ているグレゴリー警部は、当たり前のように「犬はあの晩何もしませんでしたが」と答える。

番犬が吠えなかったことを誰も不思議に思わなかったが、ホームズだけはそれを不自然と考え、それを「あの晩の犬の奇妙な行動」だとして、問題を解く鍵だと考える。

不審なものが厩舎に忍び込んだのだとすれば、犬は激しく吠えるはずだ。そうしなかったのは、犯人は犬がよく知っている人物だったからに違いない。

こうしてホームズは、「犯人は番犬の顔見知りの者」と、正しく特定した。

素人は「存在しているもの」に目を奪われる。だから、犬が吠えれば注目するが、吠えなければ注目しない。それに対して、プロは「存在しないもの」に注目する。あって当然なのになければ、それが問題を解くカギだ。

これがプロの視点であるのは、「あって当然のもの」が何であるかを知っているからだ。素人は、「あって当然のもの」が何であるかを知らない(あるいは関心を持たない)から、存在するものにしか注意を向けないのだ。

かつてクレムリンウオッチャーは、ソ連革命記念日のレーニン廟に誰がいないかを注目した。いれば、事態は平穏だが、いなければ、政変が起きてその人が失脚したことを意味する。

5　データは誰のものか？

ケンブリッジ・アナリティカ事件

第3章で述べたように、フェイスブックの個人データが不正な方法で取得され、アメリカ大統領選挙で用いられたのではないかということが、問題となった。

データを取得し、分析したのは、データ分析会社ケンブリッジ・アナリティカ（ＣＡ）だ。ＣＡは、ビッグデータに基づく心理学的属性（サイコグラフィックス）を分析するコンサルティング会社。ケンブリッジ大学の計量心理学（サイコメトリックス）研究所のメンバーによって２０１３年に設立された。

２０１６年のイギリスのＥＵ離脱を問う国民投票では離脱派、米大統領選ではドナルド・トランプの陣営のコンサルタントになった。どちらの選挙でも勝利をおさめたことから、注目を浴びた。

ここで問題とされたのは、データの入手方法だ。

ケンブリッジ大学の研究者で、ＣＡと提携関係にあったロシア系アメリカ人のアレクサンドル・コーガンが、フェイスブック用の人格診断アプリ「thisisyourdigitallife」を作った。そして、学術調査という名目で、フェイスブック上で配布した。このアプリはよくある性格診断アプリなので、誰も疑問に思わず、27万人が利用した。

ところが、このアプリは、ダウンロードした本人だけでなく、その友達についても、何に「いいね！」をつけているのかを追跡できるものだった。この手法で、ＣＡは、５０００万人分ものデータを手に入れたのだ。

このように、ビッグデータは、しばしば不正な方法で入手される。

銀行による情報銀行構想

「情報銀行」の検討が始まっている。これは、行動履歴や購買履歴などのパーソナルデータを管理し、個人の許可に基づき、個人に代わって企業等の第三者に提供する仕組みのことだ。

三菱ＵＦＪ信託銀行が個人情報銀行を始めると２０１８年7月に報道された。19年度中（2019年3月まで）のサービス開始を目指す。

個人は、三菱ＵＦＪ信託銀行が開発したスマートフォンアプリを使って、健康診断や、月々の支出、購買履歴などのデータを記録し、管理する。このようにして、散在している自分のパーソナルデータを一元的に管理できるようになる。

三菱ＵＦＪ信託銀行は、中立的な立場でデータを管理し、個人の同意に基づいて他の企業にデータを開示する。データを開示した個人は、対価として金銭やサービスを受け取る。情報銀行を国内で実用化するのは、三菱ＵＦＪ信託銀行の構想が初めてだ。

18年8月から年内にかけて、１０００人程度の規模で実験を始める。実験には、データの利用企業としてフィットネスや旅行会社など4社が参加する。データの利用目的は、実験では、商品開発や顧客ニーズ分析に絞られる。データ提供の対価として、個人は1企業ごとに毎月５００～１０００円程度の報酬を得られる。

これに先立って、三井住友フィナンシャルグループ（ＦＧ）とヤフーが、２０１７年8月に、ビッグデータ分析などを行なう合弁会社の設立を発表した。ただし、収集した情報を匿名化するのか、本人の同意を得るのかが明らかでなかったため、議論を呼んだ。

三井住友ＦＧは約４０００万人分の顧客情報を持っているといわれるが、同意を得た顧客だけに限れば、データ量は10分の１以下に減少するといわれる。

今後も、ＩＴ企業や金融機関が参入することが予想される。総務省や経済産業省は、２０１８年6月に個人データ銀行の指針をまとめた。

「データ取引所」の動きもある。エブリセンスジャパンは、「データ取引所」を２０１６年秋に設立した。２０１８年10月から稼働する。これは、企業が業務用データを売買する取引所だ。

売り手としては、まず、ＪＴＢなどが、多言語に対応した医療機関や、海外のクレジットカードが使えるＡＴＭの位置情報などを売る。これは、これまでも外販されていたもので、個人の行動を表わすようなデータではない。

この他に、ネット関連企業が個人情報を提供することも考えられている。食品のＰＯＳデータ、消費者が給油するたびに送る自動車の燃費データ、職業属性付き世帯データなどだ。

これらについては、同意を得て、個人が特定されないように加工して販売するという。データ提供者自身は、データの価格や提供相手などを決められるだけでなく、「粒度」（データの詳しさ）も決められる。

ＩｏＴ機器などのセンサーからリアルタイムに取得されるデータ（「ストリームデータ」と呼ばれる）も対象にしている。

こうしたデータが蓄積されれば、テレマティクス保険への応用なども考えられる。

第7章

過学習とそれへの対処

1　過学習は機械学習の本質的問題

学習データに対しては正解するが、新しいデータで間違える

機械学習には、「過学習」（オーバーフィッティング）と呼ばれる問題がある。これは、「学習に使うデータ（訓練データ）に対しては正解できるが、新しいデータ（テストデータ）に対しては間違えてしまう」ことだ。

学習データの中には、学習させたいこととは無関係な情報もある。それを学習してモデルが適合してしまうと、学習データについての性能は向上するが、それ以外のデータでは逆に結果が悪くなるのだ。

この問題を、図表7－1を用いて説明しよう。図に実線で描かれているのは、3次の多項式である。これにノイズ（誤差）を加えて、データを生成したとする。生成されたデータは、図に白丸で示してある。ノイズがあるので、データは必ずしも実線の上には乗っていない。だから、これに3次元の多項式を当てはめようとしても、完全にフィットはしない（3次の曲線からは離れた点が出る）。

ところが、より高次の式を用いると、当てはまりがよくなる場合が多い。例えば、図に点線

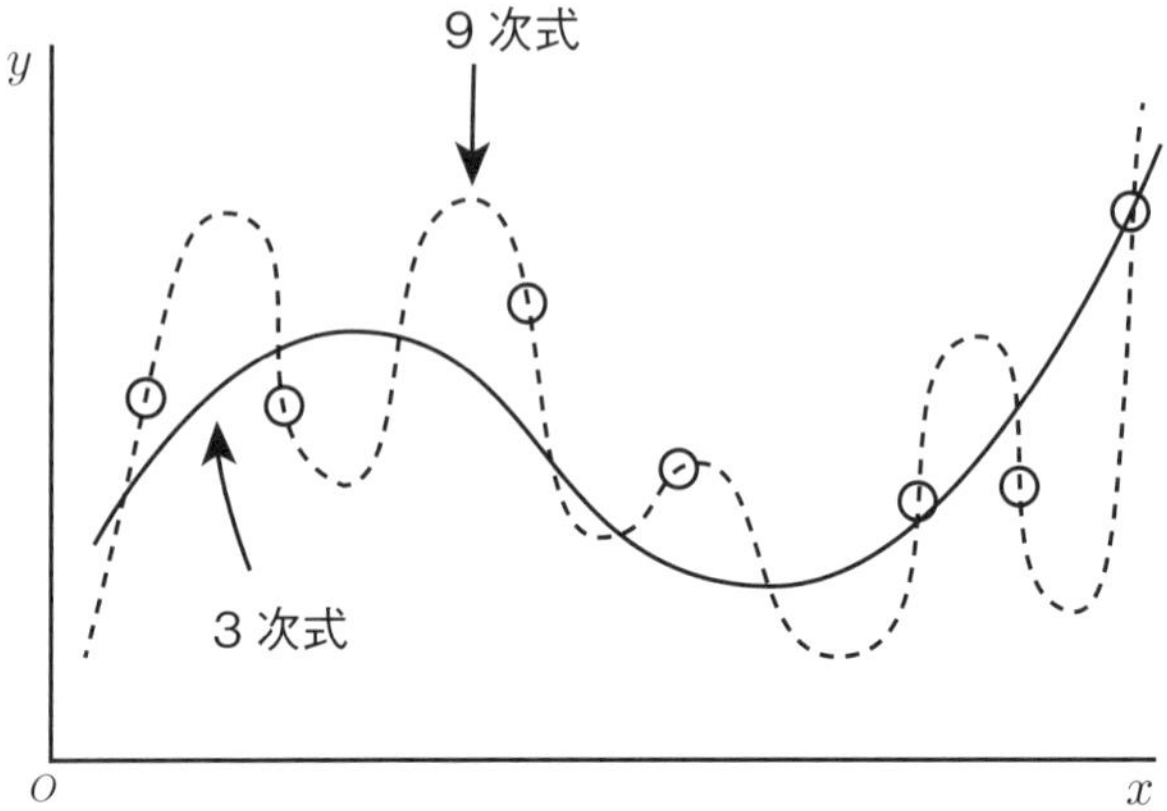

図表7-1　過学習（オーバーフィッティング）

で示しているのは、9次の多項式だ。これは、3次の多項式で描かれる曲線よりは複雑な形をしているので、係数をうまく定めれば、与えられたすべてのデータにほぼ完璧にフィットすることさえある。

ところが、これまで生成されたデータの他に新しいデータを作ると、「3次式のモデルではおよそフィットするのに対して、9次式のモデルではまったく当たらない」といったことが起きる。

こうなるのは、9次式モデルは、学習データの3次式から生成される本当の情報だけでなく、ノイズ（誤差）にもフィットしてしまったからだ。一般に、3次式を9次式にするなどの方法によって説明変数を増やすと（つまり、モデルを複雑にすると）、与えられた学習データに特有のランダムな情報にまで適合してしまう。これは、本来は学習させたくない情報だ。それを学習してしまうと、与えた学習データについての性能は向上するが、それ以外のデータでは逆に結果が悪くなるのだ。

モデルに取り入れる変数を多くするほうが、既に持っているデータによくフィットするというのは、当然ながら正しい。しかし、手元のデータによくフィットすることが、必ずしも良いわけではない。

過学習は昔から問題とされてきた

第４章の**1**で述べたように、中国のＩＴ企業テンセントが作った会話ボットBaby Qは、ユーザーからの「『中国夢』とは何？」との質問に「アメリカに移民すること」と正直に答えて、問題になった。これは、学習データにあったＳＮＳの文章にそうした内容が含まれていたからだ。会話ボットの作成者は、こうした情報は学習して欲しくなかっただろう。

ＡＩにはこうした限界があるので、顔認識を欺くこともできる。カーネギーメロン大学の研究によると、ペイントされた眼鏡などのアクセサリーを身につけることで、顔認識の網を逃れられるという。

ノイズや測定ミスが存在する場合には、必ず過学習の問題が生じる。人の幸福度など、定義するだけでも難しい問題を扱う際には、なおさらそうだ。

実は、過学習は、ＡＩに限った話ではない。昔から問題とされていたことだ。ある物理学者が新理論を作って意気揚々と物理学者のエンリコ・フェルミに会いに行った。ところが、その理論に含まれるパラメータが多かったので、フェルミはそれを評価せず、数学者フォン・ノイマンのつぎの言葉を引用したという話がある。

With four parameters I can fit an elephant, and with five I can make him wiggle his trunk.
（パラメータが四つあれば、象を描ける。五つあれば、その象の鼻を動かせるだろう）

汎化能力は、新しいデータにも正しく答えられる能力

「与えられた学習データに対してだけでなく、それ以外のデータに対しても正しく予測できる能力」のことを、「汎化能力」（generalization ability）」と呼ぶ。スパムメールのフィルタであれば、学習で使わなかったメールについても、スパムか否かを判別できるのが、汎化能力だ。

汎化能力を持つためには、学習データを生成している真のモデルに近付く必要がある。先に挙げた例では、学習データを生成しているのは3次式のモデルだ。だから、９次式モデルではなく、３次式モデルのほうが汎化能力を持っているのである。

一般に、機械学習は、与えられた学習データに関してだけ結果を保証する。モデルの汎化能力は、もともと保証されていない。

だから、過学習は、機械学習における深刻で、かつ深遠な問題なのである。

もちろん、モデルが単純であれば良いというわけでもない。例えば、右の例で、1次式（直線）では、データの基本的なパタンを捉えられないだろう。「ある傾向がずっと続くのではなく、どこかで一定値に収束していく」という現象がよくあるが、この場合にも、直線のモデルでは表現できない。

しかし、だからといって、複雑なモデルが良いとは限らないのだ。

2　過学習への対処法

交差検証あるいはクロス確認

過学習を防ぐために、データサイエンスでは、様々な方法が提案されている。過学習への対処は、機械学習の中心的な課題だ。

対処の方法は、大きく分けると、つぎの二つになる。第一は交差検証。これは様々な方法や様々なデータを試してみることだ。第二は正則化。これは複雑さにペナルティを与える方法だ。

以下では、これらの方法の詳細を見よう。

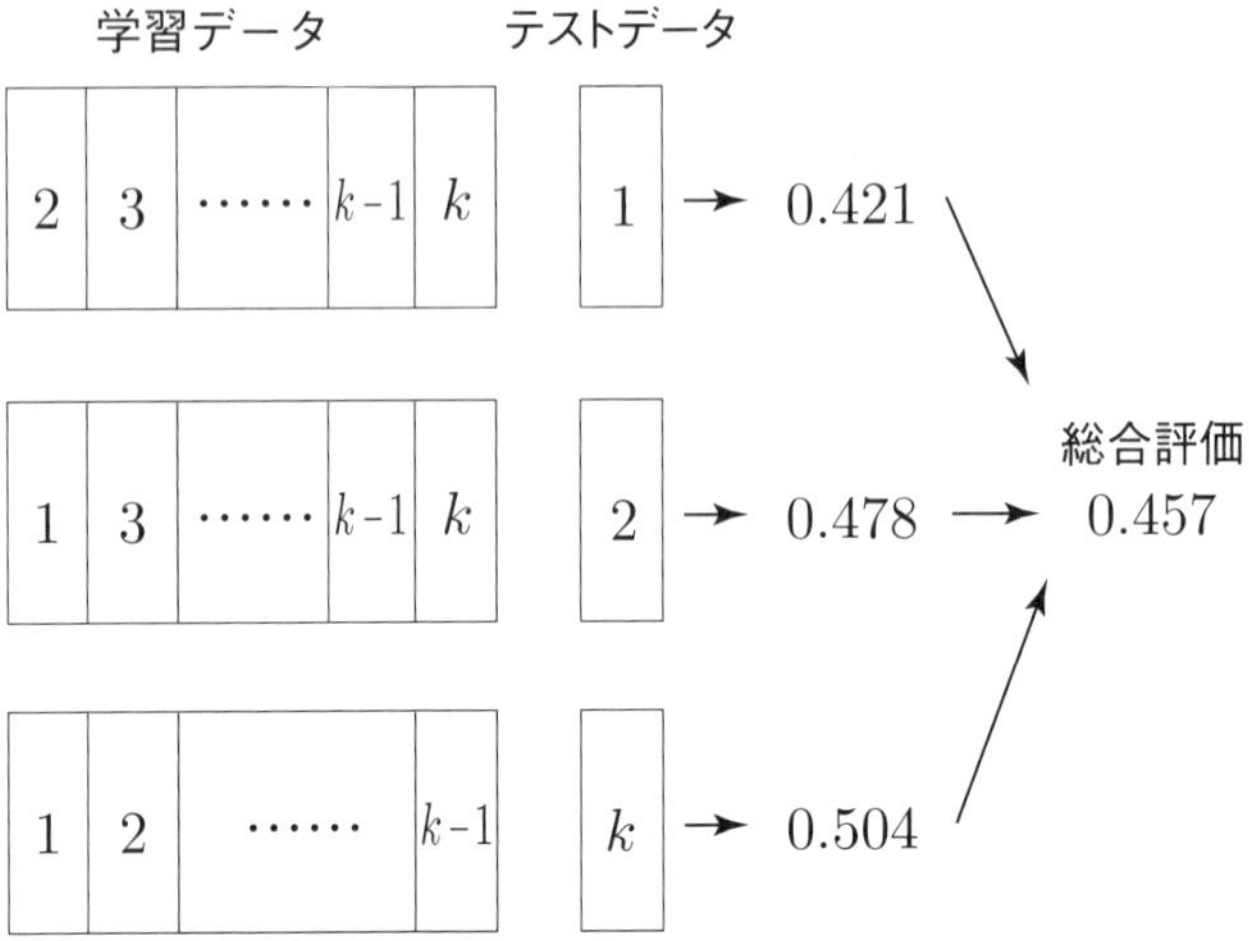

図表7-2　交差検証

第一の方法は、「交差検証」あるいは「クロス確認」と呼ばれるものだ。これには、つぎのようなものがある。

まず、学習データをランダムに二つに分け、一方で学習させ、もう一方でその精度を評価する。

あるいは、学習データから一つを除いて学習させ、取り除いておいた1サンプルに対するモデル予測値を比較する。この作業を、サンプルサイズの分だけ繰り返す。

図表7－2には、この手続きを示してある。第1回目には、学習データのうち1番目のデータを除いて学習させ、その結果を1番目のデータでテストする。その評価（誤差などで表わしたモデルの性能）は0・421だったとする。

第2回目には、学習データのうち2番目のデータを除いて学習させ、その結果を2番目のデータでテストする。その評価は0・478だったとする。

以下同様の手続きを、k番目のデータまで繰り返す。そして、各回の評価の平均値をとるなどの方法で総合したものを、最終的な評価とするのである。

これらによって、モデルが学習データにどれだけよくフィットするかだけでなく、未知のデータにどのくらい適合するかという汎化能力の評価をするのだ。

複数の学習機の結果を融合する手法を、一般に「アンサンブル学習」という。

「オッカムの剃刀」は複雑さの排除を提唱する

過学習に対処する第二の方法は、「複雑さの排除」である。

「複雑でない説明が望ましい」ということは、古くから、「オッカムの剃刀の原理」として知られていた（オッカムは、14世紀の哲学者・神学者。ここで、「剃刀」という言葉は、「不必要な部分を切り落とす」という意味で使われている）。「ある現象に対する複数の説明がある時、前提や仮定の最も少ない説明が正しい可能性が高い」という考えだ。

ただし、これは、抽象的で漠然とした原則に過ぎない。実際の数学的なモデルに対して、オッカムの剃刀をどのように適用したら良いのかは、簡単な課題ではない。

これに関して、1996年に、生物統計学者のロバート・ティブシラニが、Lasso（Least absolute shrinkage and selection operator）という具体的な計算法を提唱した。

これは、「モデルに含まれる説明変数の数が多いと、それに対して罰則を加える」という方法だ。すでに述べたように、回帰分析においては、最小二乗法を用いる。つまり、「誤差の二乗の和を最小化するようにモデルの形を決める」。Lassoでは、誤差の二乗の和の他に、「正則化項」と呼ばれるものを加えて、それを最小化するのである。ここで、「正則化項」は、モデルに含まれる説明変数の数を表わす項である。

こうすると、説明変数の数ができるだけ少ないようなモデル、つまりより簡単なモデルが選ばれることになる。こうして、「オッカムの剃刀の原理」にしたがったモデル作りが可能になるわけだ。

複雑さを排除するためのこうした方法を、一般に「正則化」と呼ぶ。

実際には、Lasso以外に、様々な正則化の方法が用いられる。例えば、回帰分析において、「回帰線から離れているデータは極端なデータであると考えられるので、その影響を少なく見積もって、影響度を小さくする」という方法が取られることもある。

これは、日常的な表現を用いれば、「極端な意見は割り引いて考える」ということだ。あるいは、「非常識な意見は、無視したり、話半分に聞いたりする」ことだ。

また、「ドロップアウト」と呼ばれる方法もある。第5章の**1**で述べたように、ニューラルネットワークの各層は、多数のノードからなる。「ドロップアウト」とは、これらのノードのいくつかを、ランダムに非活性化してしまう（働かないようにしてしまう）方法だ。

もちろん、ただ簡単であるのが良いわけではない。簡単すぎれば問題の本質を捉えられないからだ。問題の複雑さに応じて、適度に複雑なモデルを用いることが望まれている。この問題に対して、どんな場合でも正しい万能の基準を示すことは難しいだろう。分析者の直感と正しい判断が求められる場面だ。

スパースモデリングの強力さ

ＭＲＩでは巨大な磁石を用いて、患者の体の断面の画像を作成する。鮮明な画像を作成するには長時間の検査が必要になるが、それは、患者にとって負担となる。

ところが、体内の画像は、同一物質内では均一だ。画像が大きく変化する箇所は、主として物質と物質との境界だ。そうした箇所だけに注目すれば、必要なデータ数は少なくてすむ。

言いかえれば、均一なデータ取得をしても、取得している情報のほとんどが無駄だということになる。そうした無駄を省けば、少数のデータでも質を下げずに測定ができる。

体内のＭＲＩデータのようなものを、「スパース構造を持ったデータ」という。スパース

（sparse）とは、「すかすか」という意味だ。全体のデータは大規模だが、意味のある情報はごく一部しかない。実際に観測されるデータは、こうしたものが多い。

スパースモデリングとは、このようなデータに対して、少ない情報から全体像を的確にあぶり出す方法だ。つまり、本質を自動的に抽出する方法である。

前述したLassoは、そのための代表的な手法だ。これ以外にも、様々な手法が開発されている。

ビッグデータという言葉が流行語になったため、できるだけ大量のデータを持つことが重要と考えられがちだ。しかし、現実には、大量のデータに埋もれて本質が見えにくくなってしまうという問題がある。

こうした状況に対応するために、スパースモデリングは重要な意味を持っている。

この手法は、ＩｏＴ（モノのインターネット）で収集される情報の分析、通信ネットワークの劣化箇所の検出、天体観測など多くの分野に応用されている。

ＭＲＩ画像の場合、無駄を省いた分を活用することで、時間的な変化のデータを取得し、動画の取得が可能になった。こうした技術は、「圧縮センシング」と呼ばれる。

3　日常生活における過学習問題

日常生活でも過学習が多い

過学習は、ＡＩに限った問題ではない。実際われわれの身の周りをよく見ると、過学習に陥っていることが沢山ある。

例えば、過去問題集で受験勉強をすると、過去の出題傾向が続けば良い成績をあげられるが、傾向を変えられると成績が悪くなる。これは、過去の出題傾向を過学習してしまった結果だ。

生活態度にも、気づかぬうちに過学習が忍び込むことがある。

「メリットとデメリットをたくさん考慮に入れれば、適切な判断を下すことができる」と考えていた人は、昔から沢山いる。ベンジャミン・フランクリン（１７０６～１７９０）は、そのような生活態度を奨励したことで有名だ。

しかし、「彼が今の時代に生きていたとしたら、その考えが根底から揺らぐことを見るだろう」と、『アルゴリズム思考術――問題解決の最強ツール』（早川書房、２０１７年）で、著者のブライアン・クリスチャンとトム・グリフィスはいう。

「考慮する事柄を増やし、それらをモデル化するのに努力を費やせば費やすほど、不適切なものを最適化の対象にする誤りを犯すおそれがある」「考える量を意図的に少なくするほうが、物事はうまくいくこともある」と彼らは指摘する。「過ぎたるは及ばざるがごとし」ということだ。

ブレインストーミングをする時に、「太いペンを使ってアイディアのあらましを書きとめるのが良い」という提案もある。細いペンだと、詳細なことまで書いてしまう。まだ気にしなくても良いことが気になる。それに対して、太いペンだと、必然的に単純化がなされ、全体像だけを考えることができる。そして、深く掘り下げることができるというのである。

社会に出てからも、過学習が生じる。日本社会では、就職すると、その会社だけに通じる文化に過剰に適用してしまいやすい。このため、会社の外では無価値な人間になる。「わが社の常識、世間の非常識」といわれるとおりだ。

非常識なことが会社でまかり通っている場合、最初はおかしいと思う。しかし、そのうちにそれを学習してしまう。そして、判断を誤る。大企業で発覚したデータ偽装問題の根本的原因は、こうしたことだろう。

企業不祥事の多くが過学習で起こる。データ改ざんは明らかにおかしなことだが、企業の中では、過学習の結果、それが当たり前と思われるようになってしまっていたのだろう。

官僚の忖度ということが言われる。本当に政治家から指示があったのかどうか分からないが、先回りして対応する。首相がある答弁をすれば、それに合わせて決裁文書の改ざんまで行なう。これは、過学習そのものだ。

国会答弁との整合性という目的は過剰に達成されるが、何が事実かという本当に重要な問題は忘れられてしまう。その結果、目前の問題に対処することはできたが、信頼を失い、組織の力を弱めてしまった。予算や税を扱う財務省・国税庁が信頼を失うのは、組織の存立にかかわる重大問題だ。

ウェブの広告では、閲覧数に応じて広告料金が支払われる。このため、サイトに可能な限り広告を詰め込み、ページをユーザーに閲覧させる方法を考え出す。記事の中身よりは、ユーザーのクリックを誘導する刺激的な見出しを優先する。短期的には効果があるかもしれないが、長期的には、記事の質は低下する。そして、ユーザーを遠ざけてしまう。

誤った目標が達成されすぎてしまう

過学習がもたらすものは、目標が達成されないことではない。逆に、目標が達成されすぎてしまうことだ。

ただし、その目標とは、制度の設計者が想定していたものではない。想定されていなかった目標だ。つまり、誤った目標が達成されすぎてしまうである。その結果、深刻な問題が生じる可能性がある。

『アルゴリズム思考術』は、つぎのような事例を挙げている。

ある就職斡旋会社で、スタッフは面談の実施回数によって評価されていた。その結果、スタッフは、なるべく短時間で面談を終わらせるようになり、クライアントの就職を実際に助けることはあまり行なわなくなってしまった。

警察で捜査官に月間ノルマを与えると、月末には、緊急性の高い事件には手を出さず、簡単な事案を選ぶようになった。工場で生産量の評価を重視したところ、設備の保守や修繕をないがしろにするようになり、大事故につながった。

同じことが、訓練でも問題になることが知られている。軍隊や警察では、攻撃に対処するために反復的で機械的な訓練が重要だと考えられている。そこで、完全に反射的なものになるまで、特定の動作を訓練する。しかし、ここにはオーバーフィッティングが忍び込む危険がある。

つぎのような事例がある。訓練の時には、2発撃ったら銃をホルスターに戻す。この動作が身に付いてしまうと、実際の銃撃戦でも反射的にそのような行動になってしまう。

もっと驚くべきは、つぎの事例だ。訓練のときには、相手から奪った銃を相手（教官）に戻す。このように訓練された警察官は、襲撃者の手から銃を奪い取ると、何も考えずに、それを襲撃者の手に戻したのだそうである。

過学習への対処法は日常生活の知恵

2で述べた過学習への対処法は、きわめて常識的なものなのだ。われわれは、日常の生活の中で、これらと同じようなことをやっている。また、社会的な仕組みに、これらと類似のものが導入されていることもある。

交差検証やアンサンブル学習は、「三人寄れば文殊の知恵」といわれてきたものだ。医療においてセカンドオピニオンを求めるのも、同じ考えと言えるだろう。

先述したブライアン・クリスチャン、トム・グリフィスによる『アルゴリズム思考術』は、この考えを学校のテストに応用することを提唱している。共通テストを用いるだけでなく、学校ごとに独自の作文テストや口頭試験を併用するのだ。共通テストは、コストが安い、迅速に評価できるなどの利点がある。しかし、それだけでは、試験対策の勉強に偏って、共通テストにオーバーフィットしてしまう危険がある。そこで、作文や口頭試験などで「クロス確認」をし、生徒が知識を本当に習得しているかどうかをチェックするのだ。

軍や警察の訓練でも、時おり交差検証をして、汎化能力が獲得できているかどうかをチェックすべきだという。

ただし、多くの意見を聞くことが、つねに良いとは言えない。悪くすれば、「右顧左眄《うこさべん》」、「自分の意見がない」といったことになりかねない。

審議会や社外取締役は言い訳のための仕組み

審議会や社外取締役も、交差検証やアンサンブル学習と類似の考えによるものだ。社外取締役は、コーポレートガバナンスの手段として重要であるとされる。

もっとも、これらの制度が現実にうまく機能しているかどうかは、疑問だ。これらは、「企業をコントロールしているのは内部者だけではありません」「部外の意見も聞いています」という言い訳のためのものでしかない場合が多い。つまり、お飾りでしかない。

それを明白な形で示したのが、東芝の例だ。同社は、2003年に委員会等設置会社という体制を導入し、理想のガバナンス体制を備えた企業と称賛されていた。

それにもかかわらず不正経理事件を起こした。さらには、原子力事業を巡る決定に失敗し、巨額の赤字を抱えた。

社外取締役はまったく機能しなかったのである。これは、体制の整備だけで巨大企業のコントロールが実現できないことを、明白に証明している。それも当然のことで、経理はきわめて専門的で、外部から把握するのは不可能に近いほど困難だからだ。

それにもかかわらず、社外取締役に関しては批判は起きない。それはこの制度に関する利害集団が形成されているからだ。社外取締役は、いまや退職官僚にとって重要な再就職先になっているといわれる。これまでのように企業の取締役に天下りすることが難しくなっているために、社外取締役の形で再就職しているというのだ。学者でも、この恩恵にあずかっている人が多い。その昔、ある大企業の社外取締役になりたくて、大学を辞めた人がいた。それくらい魅力的なポストなのだろう。

複雑さの排除は、日常生活や自然界でも見られる

複雑さの排除が望ましい結果をもたらすということも、日常生活の中でしばしば経験する。決断を下すのに長い時間をかければ、それだけ良い決断ができるとは限らない。検討する仮説や、考慮すべきメリットとデメリットが多くなるのは確実で、それにオーバーフィットしてしまうリスクが増える。

世の中には複雑で難しければ高等だと考えている人がいる。しかし、多くの場合に、そうした人たちは、物事の本質を捉えていないのだ。

建築の分野に、「less is more」という概念がある。装飾などの表層的な要素と、空間構成などの内的な要素の両方を減らし、単純化することによって、様々な外的要因に耐えうる建築物ができ、より豊かな空間が生まれるという考えだ。

『アルゴリズム思考術』の著者は、つぎのように言っている。

「言語においても、Lasso が自然に生じる。長く話す労力と、聞き手の注意力に対する負担と

いう形で、複雑さにペナルティーが与えられるのだ。事業計画はエレベーター内で話が終わる程度に圧縮される。処世訓は、十分に簡潔で記憶に残りやすければ格言として定着する。記憶する必要のあることはすべて、記憶に固有のLassoを通過しなくてはならない」

第8章

深刻な「中国問題」

1　中国の高度な顔認証技術の裏にあるもの

中国では、正確な個人識別が可能になりつつある

第2章の**2**で述べたように、中国の顔認証技術は、いまや世界最先端のレベルに達している。アント・フィナンシャルが導入した顔認証について、中国では、「顔パスで支払えるので便利だ」という反応が多い。

しかし、そのためには、アント・フィナンシャルに写真を提供する必要がある。その情報が政府に渡れば、政府による監視システムで用いられることになりかねない。

AIを駆使した中国の国民監視システムは、「天網」と呼ばれる。街中にある監視カメラが、顔認証技術で人や車の動きを追跡・判別し、犯歴データと照合する。これによって、通行人の性別や年代、服装などを瞬時に識別できる。カメラ総台数は、1億7000万台に及ぶ。

深圳《しんせん》では、交通規制や信号を無視する人を特定するのに顔認証を使っている。赤信号で渡ろうとする歩行者がいると、カメラが自動的に撮影を開始し、撮影した顔と登録された顔を照合し、個人を特定する。その後、警察から本人に違反を確認したとの連絡が届くという。

あるいは、北京市は、公共トイレからトイレットペーパーを盗む人を捕まえるために顔認証

技術を使い始めており、9分以内に60センチ以上使う人を認識するともいわれている。

2018年2月には、顔認証ができるサングラスを警官がかけて、犯罪者の取り締まりを行なうことも開始された。人混みを眺めるだけで、視界に入った人々の顔をスキャンし、その情報をもとに、データベースに登録された容疑者を照会して特定する。これを用いれば、固定式の監視カメラの目が届かない場所も調べることができる。

2018年3月には、南昌市で行なわれた6万人が参加したコンサート会場で、警察官が1人の指名手配犯を特定し、逮捕した。逮捕された男は経済事犯の嫌疑で警察が身元を探しているところだった。入口に顔認証技術を搭載したいくつものカメラが設置されており、男の顔がデータベースの情報と一致したため、コンサートの開始後すぐに、警察に身柄を確保された（顔認証サングラスで発見したとの報道もある）。6万人の中から一人を見出したということで、世界に衝撃を与えた。

顔認識システムを開発するスタートアップ企業のクラウド・ウオークは、武器販売店への出入りなどのデータを用いて、個人が罪を犯す確率を算出できるシステムを作り上げた。

こうしたことを行なうには、カメラが写した映像で、犯罪人ではない一般の個人を特定することが必要であり、そのためには、詳細な情報が必要だ。

ＡＩの活用によって、合法的な方法（少なくとも、明確に非合法ではない方法）で集められる情報が多くなった。しかも、ＡＩを利用することによって、それら大量の情報を有効に活用できるようになったのだ。

仮に全国民の詳細データが得られても、これまでの技術では、膨大な人口が生み出す膨大なデータはさばききれなかったろう。社会主義経済時代の中国では、人口すら正確に把握できず、郵便配達データで推計していたほどだ。

中国では、これまでも監視カメラが設置されていた。しかし、それらを有機的に結合した運用はできなかった。それができるような時代が到来したのである。

世界最先端の中国ＡＩ技術を支える基礎研究

中国のこうした高いＡＩ技術を支えているものは何か？

第一は、基礎研究力の急速な高まりだ。

コンピュータサイエンスの大学院で、中国清華大学はマサチューセッツ工科大学（ＭＩＴ）やスタンフォードなどのアメリカの大学を抜いて、いまや世界一だ。

また、全米科学財団（ＮＳＦ）は、科学技術の研究論文数で中国が初めて米国を抜いて世界トップになったとする報告書をまとめた。２０１６年に発表された中国の論文数は約43万本で、約41万本だったアメリカを抜いた（なお、日本は15年にインドに抜かれ、16年は第６位だ）。コンピュータ科学分野でも、中国がトップ。以下、アメリカ、インド、ドイツと続く。日本は5位である。

さらに国家の積極的な関与がある。

これまで中国は「世界の工場」と呼ばれ、製造業の規模で世界一の地位を占めてきた。しかし、それは、豊富な労働力と低賃金に支えられた労働集約型の製造業だ。製造プロセスの管理やオペレーションの最適化の面では、ドイツ、アメリカ、日本などの後塵を拝してきた。

2015年5月に中国政府が発表した「中国製造2025（メイド・イン・チャイナ2025）」は、この状態を大きく変え、2049年に「製造強国のトップ」になることを目指すものだ。

そのため、ITやロボット、AIを活用した「技術密集型／知能的集合型」の産業にシフトするという。情報技術と製造技術の融合による製造方法の実現が主軸なので、中国版「インダストリ4・0」と呼ばれることもある。あるいは、「データ駆動型の製造プロセス」といわれることもある。

中国政府は、AIを将来の最優先技術に指定し、2017年7月に「新世代のAI開発計画」を発表した。その中で「中国は、2030年までにAIで世界をリードする」という目標を設定した。

中国ではレイティングや監視を支持する意見が多い

しかし、中国のＡＩ技術が高度である理由は、以上で述べたことだけではない。ＡＩの技術開発においては、ビッグデータをどれだけ集められるかが重要だ。それを簡単に集められる中国は、ＡＩのディープラーニングにおいて、有利な立場に立っている。中国の特殊な社会・国家構造が、ＡＩの発展に有利に働くのだ。

中国では、政府が監視国家を志向する傾向が強いことに加え、国民の側でプライバシーの意識が弱い。広州市（広東省）が２０１７年に行なった調査では、回答者の59％が監視カメラの増設が治安向上に有効だと答えている。「国に守られている安心感がある」との考えだ。

監視カメラによって良いものがますます優遇され、悪いものが滅ぼされるとしても、問題は、「良いものとは何か」という定義である。中央の権力者にとって都合の良いものが良いものとされる危険は大いにある。そうなれば、究極の全体主義国家が実現する。

同じことが、プロファイリングについても言える。

正確なプロファイリングには、望ましい面もある。例えば、貧しい家庭に生まれて能力がある人は、能力を正しく評価してもらえるだろう。健康に気をつけることによって健康保険の給付金額が増えたり、優良運転で自動車保険の保険料が下がったりするのも良いことだ。品行方正にしないと信用度評価の評点が下がるので、人々は信頼を失わないように心がけるとされる。

しかし、個人信用レイティングについて懸念されるのは、それが融資の際の評価に用いられるだけでなく、様々な用途に用いられる可能性があるからだ。例えば、信用度が低いと、航空券を買えないといったことが実際にあるという。

そうしたことが進めば、この点数が個人の一般的な評価として社会的に用いられることになってしまうだろう。

点数による評価が一企業によって決められてしまうことに対して、中国の国民はあまり強い危険を感じていないようだ。

2　中国における個人データの収集

全国民の個人番号システム

中国には全国民の戸籍、経歴や賞罰などを記録し、行政が管理する「人事档案（タンアン）」という制度が、昔からあった。

これは、思想・信条・発言内容などの個人情報を集めたファイルで、個人一代だけでなく、祖父母の代にまで遡って情報を集めたものだ。

計画経済時代には、進学や就職、昇進などに利用されていた。しかし、電子化が進んでおらず、近年は重要性が低下しているといわれる。

それに代わって、現在の中国には、政府が運営する全国民の個人番号システムがある。

中国では、満16歳になると身分証を交付される。ＩＣチップが内蔵されており、氏名・性別・民族・生年月日・住所、顔写真、そして「公民身分番号」が記録されている。

これは、公安部（警察を担当する中央官庁）が管理する。

公民身分番号は18桁の数字であり、納税や銀行口座開設などの際に必要とされる。ホテルに宿泊する時や、高速鉄道や飛行機の切符を買う時にも提示が求められる。**1**で述べた監視システムを運用する基礎は、こうしたデータベースだ。

身分証は、２０１７年末から電子化（オンライン化）される。現在は限定的だが、いずれ全国に拡大される。そうなれば、政府にとってさらに強力な国民管理の手段になるだろう。

詳細な個人情報も収集されている

中国政府は、これ以外にも、運転免許証やパスポートのデータなどを持っている。さらに犯罪者に関しては、より詳細なデータが収集されている。

監視カメラの映像から犯罪者やテロリストを発見することは、こうした情報があるから可能になるのだ。

その実態は明らかでないが、中国政府は、様々な方法で詳細な個人情報を集めていると推測される。

警察は、標準的な情報収集の際においても、指紋や手のひら採取、顔写真、尿およびDNAサンプルといった生体認証データ、そして音声パタンを収集する。公安部のデータベースには、10億人以上の顔データと、4000万人のDNAサンプルが記録されているという。

そうしたデータは、公民身分番号とリンクされ、銀行口座記録や、高速鉄道や飛行機での旅行歴、そしてホテルの滞在記録などの詳細な個人情報と統合管理される可能性がある。それだけのデータがあれば、かなり詳細に個人の行動追跡することが可能だろう。

国際人権組織ヒューマン・ライツ・ウォッチ（HRW）によれば、民族間の対立が続く新疆ウイグル自治区では、12歳から65歳までの住民を対象に、「無料検診」という名目でDNAや血液のサンプル、指紋、虹彩、血液型などの生体データが収集された。すでに同自治区の総人口の9割に当たる約1900万人分のデータを集めたとされる。

ヒューマン・ライツ・ウォッチは、新疆ウイグル自治区における中国政府の情報収集は、問題を起こす危険のある人物を特定し、先んじて拘束するための「予測による治安維持」だとしている。

フィンテックサービスで情報を集める

フィンテックが提供する新しい金融サービスは、個人情報の収集にも役立つ。こうした情報を用いて、個人をプロファイリングすることができる。

SNSなどの情報を中国政府がどの程度利用しているのかは明らかでないが、すでに検閲制度「金盾《きんじゅん》」が存在することから考えて、SNSから政府が個人情報を抽出することは十分に考えられる。手紙を検閲していた時代に比べれば、比較にならないほど容易にかつ正確に、人々が通信する情報を収集できるようになっているのである。

中国政府は、ビットコインを禁止し、中央銀行による仮想通貨に強い関心を示している。これは、ビットコインでは個人情報は集まらないが、中央銀行仮想通貨であれば集まるからだろう。そして、中国人民銀行は、いずれ仮想通貨を発行するだろう。

中央銀行の仮想通貨は、ビットコインとはかなり異なる仕組みによって運営される。そして、仮想通貨を発行すると、中央銀行がすべての国民と企業の経済活動を細大漏らさず把握できるようになる。

この問題があるので、欧米諸国でも日本でも、中央銀行の仮想通貨発行には、技術的に可能であっても踏み切れない。しかし、中国では、この問題はあまり大きな障害とならないだろう。

中国ではビッグデータが簡単に集まる

グーグルやフェイスブックも、ビッグデータを集め、事業に活用してきた。しかし、利用する際に、本質的な制約にぶつかる。

アメリカは個人主義を基礎とした民主主義社会であり、個人のプライバシー保護について、強い社会的要請があるからだ。

ところが、中国ではそうした制約が非常に弱い。したがってビッグデータを簡単に集めることができる。そしてその利用についても、社会的な制約が働かない。

中国でも２０１７年から、「インターネット安全法」を施行している。しかし、これは、個人情報の保護というよりは、むしろ、当局によるインターネット支配を強化するものだと考えられている。実際、中国では、インターネットは検閲されている。テンセントやバイドゥは、政権にとって都合の悪い書き込みを排除している。

思い起こせば、２０１０年３月に、グーグルはこの問題で中国から撤退したのである。

3　究極のデジタル独裁者が中国に生まれる

習近平が終身国家主席に

中国の全国人民代表大会で、国家主席の任期を事実上撤廃する憲法改正案が、2018年3月に採決された。習近平国家主席が任期切れを迎える2023年以降も主席にとどまり、終身で務めることも可能になる。権力集中がさらに進むことになるだろう。

この背景にあるのは、デジタル技術の活用で形成されつつある史上最強力の権力基盤だ。これを「デジタル・レーニン主義（Digital Leninism）」と呼び、習政権がAIを活用して、新しい統治システムを構築するだろうとの見方がある。

これは、AIが進化するとシンギュラリティ（技術的特異点）が生じて人間を支配するという類いのAI脅威論とは異質のものだ。空想上の出来事ではなく、いま現実の世界で進行しつつある問題である。

『1984年』のビッグブラザーは、現実にはあり得ない

中国では、インターネットは検閲されている。いまは人間が行なっているので大変な作業だ

が、ＡＩを利用すれば、簡単にできるようになる。

イギリスの作家ジョージ・オーウェルは、小説『１９８４年』の中で、ビッグブラザーという独裁者に支配される未来社会を描いた。

しかし、つぎのように考えると、この仕組みは機能しないことが分かる。いま、監視員１人が１００人の国民を監視するとすると、国民の約１％の監視員が必要になる。３交代制で勤務するとし、予備員も考慮すれば、総人口の５％近くの人数が必要だ。さらに、監視員がきちんと仕事をしているかどうかを監視する監督者も必要だし、問題が発生した場合に現場に駆けつけて逮捕する人員も必要になる。その後の処置のための要員や、事務処理やロジスティックスも必要だ。それらの人員を含めれば、全人口の１割程度の人員が必要だ。労働力人口に対する比率でいえば、4分の1近くになるだろう。まったく非生産的な仕事に従事する人間がこれだけいる国家が、まともに機能するはずはない。

ソ連では、実際にこれと似たことが生じた。エマニュエル・トッドが『最後の転落』（藤原書店）の中で「第4次産業」と呼んだ警察的監視・抑圧活動に、ソ連の全労働人口の５〜10％が投入されたのだ。

個人情報を握る独裁者ビッグブラザーが登場する

しかし、AIを用いれば、ビッグブラザーが行なおうとしたことは、ずっと効率的に実現できる。中国の国民監視システム「天網」は、監視カメラが人の動きを追跡し、AIを駆使した顔認証で性別や年齢などを瞬時に識別することができる。そして、犯歴データが記録されているデータベースと照合する。

それに加え、プロファイリングで得られた詳細な個人情報を政府が入手できれば、どうなるか？　どんな本を買い、何を検索して誰と交信したかが分かれば、思想を読める。これまでは、外部からは分からなかった政治的な思考が明らかになる。こうした詳細な個人情報を国家が得、それを個人のコントロールに用いる可能性がある。

歴史上、これほど強い権力基盤を持った支配者はいなかった。これは、ビッグブラザーを超える独裁者の出現だ。

国中に張り巡らされた監視ネットワークから収集した大量のデータを、権力者が用いることがすでに可能であり、「独裁者は政権転覆を計画している者を敏速に把握し、居場所を特定し、彼らが行動を起こす前に投獄できるだろう」という見方もある。

4 警戒する世界

中国は、AIでアメリカを抜く

中国のAI技術は、いまや世界の最先端を走っている。しかし、それに対して世界は危機感を強めている。なぜか？

個人のプライバシーを尊重しない中国の特殊な社会構造が、中国AIの強さの基礎にあるからだ。そして、中国ITの膨張によって、個人の自由が奪われる危険があるからだ。

中国の特殊な社会構造では、ビッグデータの収集と利用が簡単にできる。中国AIの躍進の背後に、こうした事情がある。アメリカは、このためにAIで中国に抜かれることを怖れている。

アメリカでは、「ITの先端分野でいずれ中国に抜かれる」という中国IT脅威論が、急速に高まっている。グーグルの元CEOのエリック・シュミットは2018年1月にイギリスBBCの放送で、「今後5年間は、まだアメリカがAI分野でリードしていくことができるが、すぐに中国が追いついてくる」と述べた。これは、純粋に技術的な意味で抜かれるというよりは、以上で述べた中国の特殊性に、アメリカは対抗できないということであろう。

ここで問題となるのは、１９８０年代に日本に対していわれたような国家の関与だけではない。国家の関与があるのは確かに問題なのだが、それ以上に、国民の意識の違いが問題なのである。

アメリカでできないことが、中国ではできる

グーグルは、検索やメールなどの情報を用いるプロファイリングを、以前から行なっていた。それを広告に用いて、巨額の収益を上げてきた。フェイスブックも、書き込みなどから、同様のことを行なっている。

グーグルは、さらに、個人の行動を予想してアドバイスを与える「Google アシスタント」というサービスを２０１６年から提供している。勤務先などを入力しなくても、グーグルカレンダーなどに書き込まれた予定やグーグルマップの利用状況などから推測しているようだ。

ただし、グーグルやフェイスブックは、ビッグデータを集め、利用する面で、本質的な制約にぶつかる。

アメリカは個人主義を基礎とした民主主義社会であり、個人のプライバシー保護について、強い社会的要請があるからだ。

ヨーロッパの近代社会は、個人主義を前提に形成された。そして、市場経済は、独立した個

人の自由な行動を基本的な社会構成原理としている。

中国という国家は、政治的には共産党の一党独裁体制であり、市場経済とは矛盾すると思われていた。

仮に一党独裁体制の下で市場経済を認めれば、汚職が蔓延して、経済は立ち行かなくなるだろうと考えられていた。そうした面があることは否定できない。

しかしＡＩについて言えば、以上で述べた理由によって、中国の体制が有利になるのだ。

これまでの工業社会では、個人の自由と経済全体の発展がうまく調和できた。しかし情報産業においては、産業の発展が個人のプライバシーを侵してしまう。

ＡＩには従来なかった特殊な規模の利益が働く。そして人口は途方もない大きさだ。ＡＩは本質的な意味で中国に合っていると考えざるを得ない。そのことが中国でいま実証されつつあるのだ。

しかも、アメリカでは、巨大化した企業は独禁法の問題に直面するが、中国には、その問題もない。

アメリカは、多様社会の優位性を技術開発で証明できるか？

第３章の**2**で述べたように、２０１８年3月に、フェイスブックが情報流出問題で揺れた。

米大統領選挙でトランプ陣営が契約していたデータ分析会社ケンブリッジ・アナリティカ（ＣＡ）が、フェイスブック利用者の個人情報を不正収集していたと報道されたのだ。社会的な批判が高まり、その結果フェイスブックの株価が下落した。

これは、フェイスブックという一企業の問題ではない。広く社会体制と技術の関係にかかわる問題である。すでに述べたように、ＡＩの機械学習のためにはできるだけ大量のデータが利用できることが望ましいが、この点において、アメリカやヨーロッパ社会が不利な立場に置かれているのは、否定できない事実だ。

もちろん、個人の権利の尊重や多様性の維持は、健全な社会のために絶対に必要なことである。

個人情報の乱用を避けつつ、アメリカがＡＩの開発で中国より優位に立つためには、アメリカ社会の持つ多様性を活用する必要がある。

まったく新しい発想のためには、社会の多様性が必要である。「異端の」発明は、全体主義国家や大企業からは出てこない。多くの独創的なアイディアや発明は、社会の大勢とは異質の部分から出てくるのだ。

ＰＣもインターネットも、そしてＡＩも、アメリカ社会の多様性の中から生み出されたものである。共産党独裁政権に支配されている中国社会で生まれたものではない。

中国は、生み出された技術を進歩させることには優れているかもしれない。しかし、まったく新しいことを生み出す力があるかどうかは、疑問である。

情報技術の場合には、創造性がとりわけ重要な意味を持つ。したがって多様性は本質的に重要であるはずだ。

これは、1980年代に日本とアメリカの間で生じた問題と似ている。日本は産業技術を改良し、生産工程を改善して能率を上げ、アメリカ製品を市場から駆逐した。しかし、長期的に見れば、アメリカは新しい産業を発達させることによって成長したのである。

いま、それと同じことがアメリカと中国の間で起ころうとしているのかもしれない。これがどのように進展していくかを現時点で正確に見通すことは難しいが、多様性を許容しない中国社会が、どこかで本質的な限界に直面する可能性は大いにある。

アメリカは、社会の多様性を維持し、それが産業社会の新しい発展のために不可欠であることを、実績で示す必要がある。

EUは個人データの保護を強化

これまで述べてきた中国の状況に対して、世界は、危機意識を持ち始めている。

データを保護する法制の整備や運用を強化する動きが、世界的な流れとなっている。

ヨーロッパでは、プライバシーと個人データの保護を、ＥＵ基本権憲章で保障する基本的人権として位置付けてきた。

ＧＤＰＲ（一般データ保護規則）は、ＥＵ（欧州連合）における新しい個人情報保護の枠組みであり、個人データの処理と移転に関するルールを定める。１９９５年から適用された「ＥＵデータ保護指令」に代わり、２０１６年４月に制定された。２０１８年５月に施行された。

個人の権利として、不要なデータの消去を要求する権利などとともに、プロファイリングに異議を唱える権利を定めている。また、欧州の消費者や従業員などの個人データを保有したり域外に持ち出したりしようとする企業に、保護体制の整備を求める。

メールアドレスやクレジットカード番号情報といった個人データを、域外にいる第三者が入手することを原則禁止する。

当面の対象は、グーグル、フェイスブックなどのアメリカＩＴ企業なのだろうが、中国ＩＴ企業も意識されていると思われる。

なお、欧州委員会は、ＥＵの基本権憲章に基づき、２０１８年末までにＡＩの開発に関する倫理的指針を提示するとしている。

日本はどう対応したら良いか？

以上で述べた中国の状況に対して、日本は危機意識を持っているだろうか？

日本の電子マネーは、アリペイなどに比べて遥かに遅れている。だから、アリペイは、日本にも進出する可能性がある。アリペイのシステムを取り入れる（日本の銀行に預金して使えるようにする）こととすれば、日本の利用者の利便は増すだろう。

だが、それは日本の決済システムがアリババに握られることを意味する。それだけではなく、顔認証で決済が行なわれるようになれば、日本人一人一人の顔が把握されることになる。

しかし、それを危惧してアリペイの日本上陸を拒否すれば、日本はフィンテック鎖国をすることになる。

日本でも2017年5月に個人情報を扱うルールが本的に見直した改正個人情報保護法が全面施行された。ここでは、個人情報の定義を明確にしたほか、個人を特定できないようデータを加工すれば本人の同意なく第三者に提供できる仕組みを導入した。

しかし、こうしたことだけで、以上で述べた問題に対処できるかどうか、大いに疑問だ。

第9章

AIはいかなる社会を作るか？

１　人間の仕事はなくなるか？

ディスラプター（破壊者）としてのＡＩ

ＡＩが人間の職を奪うディスラプター（破壊者）であることを強調する議論が多い。第１章で述べたように、ＡＩは人間に比べてコストが安いし、疲れない。24時間いつでも使える。そして、労働問題を起こさない。

音声認識のように、人間のほうがうまくできることであっても、人を雇うにはコストがかかる。だから、人間と同じ程度に仕事ができれば、ＡＩに代替される。

しかも、ＡＩが人間より正確に迅速に仕事ができる分野が増えている。このような分野では、これまで人間がやっていた仕事は、間違いなくＡＩに代替される。

こうして、単純知的労働はＡＩに代替される。ある保険会社は、事務作業のうち、９割をＡＩなどで代替する予定だとしている。

機械が人間がやってきたことを代替したことは、これまでもあった。例えば産業革命がそうだ。しかし、今回はもっと影響が大きい。

「中抜き現象」が進む

ＡＩに職を奪われるのは、単純労働だけではない。ホワイトカラーであっても、情報の単なる仲介の役割しか果たしていない人々は多い。こうした人々は、ＡＩによって代替されるだろう。こうして、「中抜き現象」が進む。商品の製造から販売に至るあらゆる過程において、同様の現象が進むだろう。

では、高度知的労働は大丈夫か？

判断が必要なことであっても、ＡＩのほうが正確にできる場合は多い。その例をわれわれは、第３章と第４章で見た。実際、不正取引の検出、不正会計処理の検出、信用度評価、判例参照、医療診断などの分野で、ＡＩの活用は急速に広がっている。これまで人間でないとできないとされてきた仕事が、ＡＩで代替できるようになる。だから、知的労働者であっても、決して安泰ではない。

ＡＩにディスラプターとしての側面があることは、否定できない。

創造的な仕事も代替される

単純作業が代替されるだけではなく、報道や作曲など、これまでは創造的と考えられていた仕事も代替される可能性がある。第４章で紹介したように、マーティン・フォード『ロボットの脅威――人の仕事がなくなる日』は、人間にしかできないと思われていた高度な知的作業にＡＩが登場していることを、多くの実例で示している。

フォードは言う。「当面のあいだは、特に高いリスクにさらされるホワイトカラー労働は、最もルーティン的で定型的な仕事であるという構図は変わらないだろう――だが、その限界は急速に押し広げられている」。

フォードは、こうした技術進歩が社会を豊かにするのでなく、大規模な企業との不平等をもたらすとしている。

オックスフォード大学のＭ・Ａ・オズボーン准教授とＣ・Ｂ・フライ研究員が２０１４年に公表した『雇用の未来――コンピュータ化によって仕事は失われるのか』という論文で、７０２の職種すべてについて、コンピュータに取って代わられる確率を仔細に試算した。

そして、創造性、社会性、認知、繊細な運動性といった項目ごとに分析し、アメリカの雇用者の47％が10年後には職を失うだろうと結論した。

人間は人間しかできない仕事に特化

以上で述べたことが深刻な問題であるのは事実だ。そして、こうした傾向が進展することは、避けられない（格差拡大の問題は、本章の**2**で論じる）。それに反抗することは、ラダイツ運動でしかない。機械を打ち壊しても、労働者は救われなかった。それよりは、機械の使用で労働者の生活を豊かにするような社会の建設をめざすべきだ。

この問題を考えるために、つぎの諸点に注意する必要がある。

まず、どのような仕事が人間の仕事として残るかだ。

ある種のことについては、コンピュータの能力は、人間より高い。囲碁もチェスもそうだ。こうした分野では、人間がコンピュータと張り合っても無駄だ。自動車と競走しても勝てないのと同じことだ。

だから、「ＡＩに駆逐されない働き方とは何か?」を考える必要がある。人間は、人間しかできない仕事に特化する必要がある。

それが実現できれば、新しい可能性が生まれるだろう。

産業革命によって機械が発明され、それまで人間が行なってきた肉体労働の多くが、機械によって代替された。これによって、人間は苦痛を伴う肉体労働から解放され、より人間らしい活動に集中することが可能になった。

これと同じように、知的活動においても、コンピュータにできることはコンピュータに任せ、人間は人間にしかできない作業により多くの時間を使うことができるようになる。

ＡＩを用いる組織では、人間にしかできない創造的な仕事が労働者の仕事の中心になるだろう。人間は、人間しかできない人間らしい仕事に専念して、働く喜びを実感できるような働き方が可能になるだろう。

ＡＩは、人間の創造作業を補助してくれる。だから、それを活用すべきだ。

第1章の**1**で述べたように、すでに、音声認識でのメモ、セマンティック検索、グーグルの画像検索などが利用可能だ。その他にも、様々な新技術が登場している。例えば、グーグルの「AutoDraw」は、初心者のアーティストが、機械学習の助けを借りてより高品質な画像を作成するのに役立つ。

これまでも、ワープロで文章を書く、エクセルで計算する、メールで連絡、検索で調べる等々によって生産性が上がった。今後、ＡＩの助けによって、さらに上がるだろう。

個人も企業も、そうした方向を目指すべきだ。人間とＡＩの共働体制を作ることに成功した組織や人が、未来を制するだろう。

なお、残る仕事は、創造的な仕事だけではない。例えば、掃除だ。「何がゴミであるか」を判別するのは、場合によっては、きわめて難しい作業だ。一見紙くずのように見えても、重要なメモであるかもしれない。完全なＡＩ掃除機ができないのは、何がゴミであるかを判断できないためだ。

新しい仕事が生まれる

「ＡＩによって代替されない仕事がある」と述べた。

実は、可能性はこれに止まらない。

なぜなら、新しい仕事が生まれるからだ。つまり、新しい就業機会が現われるのである。ＩＴ革命の場合もそうだった。

ＩＴの進歩が、様々な仕事に対して破壊的な影響を及ぼしたことは事実である。例えば、町の書店はアマゾンによって客を失った。また、新聞社や出版社は構造不況に陥った。従来の広告のかなりの部分がインターネットに移行してしまった。紙に対する需要が減少した、等々である。その他の様々な分野で、直接、または間接的に、それまでの仕事が打撃を受けた。

しかし、他方において多くの新しい仕事が生み出されたことも間違いない。例えば、インターネットの接続サービスを提供する事業が発展した。インターネット上で様々なサービスを提供するためのプラットフォーム事業も成長した。新しい技術が生まれれば、風が吹けば桶屋が儲かる式に様々な仕事が生まれる。

こうした変化に対応できたかどうかが、重要なのである。ＡＩについても同じことが起きるだろう。

ＡＩで価値が上がる仕事もある

もう一つ重要なのは、「ＡＩの活用が広がるにつれて、人間でなければできない仕事の中で、価値が高まるものがある」ということだ。

すべてのことについて人間がＡＩより劣るかと言えば、決してそんなことはない。

実際、現在のＡＩは、すべてのことについて人間と同等のことをできるわけではない。実現できるＡＩが特化型ＡＩでしかないということは、ＡＩができるのは、特定の分野にかぎられていることを意味する。

これは、人間でなければできない仕事が残ることを意味する。そして、ＡＩが遂行できる分野で効率があがれば、人間でしかできない仕事の中で、これまでよりも価値が高まるものが必ずあるはずなのである。ＡＩが単純作業を代替することによって、価値が高まる人間の仕事もある。

「どこに人間の仕事を見出していくか？」を問い続けることが必要だ。そうした仕事を見出し、それに特化する個人や企業が、これからの社会において成長することになるだろう。

2 新たな格差が生まれる危険がある

AIを開発できる企業は限定的

AIは、以上で述べたことを超える問題をもたらす可能性もある。

まず、企業、個人の格差が広がることが懸念される。

第3章で、AIを用いた評価で平均値からの脱出が可能になると述べた。これは、努力が認められるなどの望ましい結果をもたらすが、半面において、平均値からの脱却が、新しい格差を生む可能性もある。平均値で扱われるなら差別化はなされないが、個別の状況が考慮されると差が問題になるからだ。例えば、体の悪い人は健康保険に入れないといった問題が生じるかもしれない。

本章の**1**において、人間の仕事はなくならず、価値が上がるものもあると述べた。もちろん、問題は、すべての人が新しい仕事につけるとは限らないことだ。そうなれば、格差が広がる。

さらに、AIを開発・利用できる企業・個人と、利用できない企業・個人の格差が広がる。格差は、企業間でも生じる可能性がある。ビッグデータを扱える企業は、ごく限定的だからだ。それは、新しい形の独占をもたらすだろう（すでにそうなっていると見ることもできる）。

ＡＩを支えるのはディープラーニングという技術であり、これはビッグデータでコンピュータが自動学習する仕組みだ。しかしそうしたデータを利用できるのは、アマゾン、アップル、グーグル、フェイスブックなどごくわずかのアメリカの企業でしかない。

こうして、ＡＩサービスを提供できる主体が、一部の大企業に限定されてしまう危険がある。大型コンピュータの時代に、それを利用できるのは、政府、大学、大企業など、一部の組織に限られていた。ＰＣとインターネットの時代になって計算や通信のコストが著しく低下し、誰でもコンピュータを利用できる時代になった。

ところが、ビッグデータビジネスについては、ビッグデータの保有者が圧倒的に有利だ。ビッグデータ収集のためにはプラットフォームを持つことが必要になるため、ベンチャーや中小規模の企業には困難だ。

すると、ビッグデータの利用を前提としたＡＩは、ビッグデータを獲得できる大企業に限定されたビジネスになる可能性がある。

ビッグデータを持てなければ、市場で戦えるＡＩを開発することは難しい。

もちろんＡＩも、インターネットを介して誰もが利用することができる。しかし、利用しているＡＩは、ユーザーの要求に対してサービスを提供する召使い（サーバー）とは限らず、判断する主体であるという点が重要だ。

強いものがますます強くなる

ＡＩによって社会は変わる。だがそれは、格差のないフラットな社会だろうか？　これを考えるには、ＩＴ革命が参考になる。

インターネットの初期の段階で、インターネットは社会をフラットにするといわれた。しかし、現実に生じたことは、その逆のことだった。格差は依然として存在している。社会はフラットにならなかった。

これと同じことがＡＩがもたらす新しい社会においても生じるだろう。ＡＩに対応できる人と対応できない人がいる。対応できる人はますます発展するが、対応できない人は取り残される。

ＡＩにはビッグデータが必要であり、それを利用できる企業の数が限定されていることを考えると、格差が拡大する可能性は強い。ビッグデータに起因する格差はすでに生じていると言うこともできる。

２０１７年の4月に、つぎのようなニュースが報道された。グーグルが、自動運転車を開発している1人のエンジニアに対して、1億２０００万ドル（１３３億円）のボーナスを与えたというのである。

日本の企業でいかに企業に貢献しても、１００億円を超えるボーナスを得られることはないだろう。こんな化け物のような企業と技術開発競争をするのは、著しく困難だ。

先端的なスタートアップ企業も、競争できない。企業価値自体が、1億ドルには及ばない場合が多いからだ。スタートアップが技術を開発しても、グーグルなどに買収されるしか方法がない。

アマゾン、アルファベット、インテル、マイクロソフト、アップルは、年間760億ドル（約7兆2000億円）の研究開発費を支出している（2017年）。これは、アメリカの株式公開企業400社の合計よりも多い。

「科学技術研究調査結果」（総務省統計局）によると、日本の企業、非営利団体・公的機関および大学などの2016年度の科学技術研究費の総額は、18兆4326億円だ。右の5社の数字は、この4割近くになる。

これらの企業は、現在の利益が大きいだけではない。将来においても、巨額の利益を獲得し続けると予測されている。

それは、ビッグデータという重要な資源を独占しているからだ。ＡＩを切り開く可能性は、これらの5社に独占されていると考えざるを得ない。したがって、強いものがますます強くなるという状況になっている。

ベイシックインカム論に対して

「ＡＩが人間の職を奪い、最低限の生活もできなくなる恐れがあるので、ベイシックインカムを保障すべきだ」との議論がある。

これについては、もっと立ち入った議論が必要だ。とくに、つぎの2点に関しての議論が必要だ。

第一に、ベイシックインカムは、ＡＩにかかわりなく必要なことである。なぜＡＩに対して特別の制度や措置が必要なのか？

第二は、それをどのような財源で実現するかだ。

まず第一点に関して。所得の喪失は、様々な原因によって生じる。とりわけ重要なのは、高齢になったり病気になったりして、就業が困難になることだ。これに関しては、公的年金制度や医療保険制度で対処がなされている。また、失業に対しては雇用保険がある。さらに、公的扶助（生活保護）制度によって、最低限の生活が保障されている。

こうした制度が、現実に十分な水準のベイシックインカムを保障しているかどうかは、もちろん議論の余地がある。しかし、現実の世界で、ベイシックインカム対策がまったくなされていないわけではないことを認識しなければならない。

これに加えて、ＡＩに起因する所得喪失のために特別の制度を設けなければならない理由は見出し難い。ＡＩの影響力がこれまでの技術革新に比べて格段と大きいことは事実であるが、機械化、自動化、ＩＴによる変化など、これまでもあった変化に比べて質的に異質のものであるとは考えにくい。

また、仮にＡＩが職を奪うとしても、それに対応することは不可能ではない。ＡＩによる変化は、不可抗力のものとは言えないのである。すでに述べてきたように、仕事の内容をこれまでとは違うものに変えていくことが可能だ。所得喪失が公的に補塡されることとなれば、そうした対応を行なうインセンティブをそぐことになる危険が大きい。

つぎに、第二点に関して。右に述べた様々な制度は、保険料、税などを財源とする公費、自己負担などによって賄われている。そして、それらは、きわめて厳しい財源制約の中で運営されている。

仮にＡＩによって所得が奪われた場合に公的な給付を行なうのであれば、その財源について現実的な提案がない限り、意味がない。

所得や富の再分配が必要であり富裕層は負担できるはずだというようなことが言われるが、そのようなレベルの抽象論では、現実はまったく動かない。

「ＡＩの利用で得られる利益に課税する」という考えがあるかもしれないが、そうした利益を定義することは困難だ。また、仮に何らかの基準を設けてＡＩ関連活動に課税がなされれば、

ＡＩが社会を進歩させるのを阻害することとなるだろう。

3　これまでの社会秩序との衝突

自動運転が可能になると、社会の仕組みが大きく変わる

ＡＩは、人々の仕事を代替するだけでなく、社会の仕組みを大きく変えるだろう。例えば、自動車の自動運転が可能になった場合、運転免許制度も大きく変わり、民間の教習所は激減するだろう。

個人向けの自動車保険も大きな影響を受ける。

現在、損保会社は、売り上げの多くを個人の自動車保険に依存している。しかし、自動運転技術が進展して個人が自動車を運転しないことになると、自動車保険は不要になる。それに代わって、運転者以外の責任が問われるようになる。その場合、自動車メーカーが保険に加入するのか、あるいは、メーカーが自前で事故に備えて準備するのかが問題となる。後者の場合、製品価格としてどれだけユーザーの負担が増えるのかが問題だ。

ＡＩを活用すると、これまで前提としてきた社会の仕組みからはみ出す事態が生じうる。例

えば、自動運転されている自動車で事故が起きたとする。誰が責任をとるのか？

運転手はいないのだから、これまでの法体系では対応できない。

自動車を製造したメーカーなのか？　ソフトの設計者なのか？　あるいは車両の保有者なのか？

この問題については、すでに議論が始まっている。国土交通省の「自動運転における損害賠償責任に関する研究会」の報告書が、２０１８年３月にまとめられた。

（１）レベル４までの自動車が混在する当面の「過渡期」においては、従来の運行供用者責任を維持する。

（２）ハッキングにより引き起こされた事故の損害については、盗難車と同様に政府保障事業で対応する。

などとしている。

また、６月には、日本損害保険協会が「自動運転の法的課題について」という報告書をまとめている。

これまで前提としてきた社会の仕組みからはみ出す

ただし、問題は自動車の自動運転だけではない。

ＡＩとブロックチェーンが結合すると、「完全自動組織」が出現する可能性がある。

このような企業は、現時点では夢のようなものと考えられるかもしれないが、近い将来に現実のものとして登場する可能性がある。

例えば、ＡＩによって自動運転が可能になればタクシーは無人になる。そのような企業においては、いくつかの経営上の問題がある。例えば料金をどのように設定するか、ガソリンはどのような価格でどの給油所で給油するか、夜の駐車場はどうするか、修理補修をどうするかといった問題である。

このような問題はルーティン的な決定であるから、ブロックチェーンで代替することが可能だ。すると、このタクシー会社は完全自動企業になるわけだ。これ以外にも様々な分野において、ＡＩとブロックチェーンが結合した完全自動会社が現われるだろう。

こうして、ＡＩとブロックチェーンが組み合わさると、まったく人手を介さないわけではないものの、ほとんど自動的に事業を遂行することができる。

では、そうした事業が事故を起こした時、どう対処するのか？

シェアリングの場合には、供給者と消費者の区別ができなくなったという問題が指摘された。それまでは消費者とみなされていた人々が供給者になったのだ。しかし、まだ事業の主体はいた。それがなくなってしまったらどうなるのか？

「事業とは人間が考えて人間が実行する」という従来の社会の基本的な仕組みが覆ってしまう可能性があるのだ。

こうした事態に、法制度が対応できるだろうか？

「人間に優しい」という基準でＡＩを判断することはできない

では、どのような基準でＡＩの利用を進めればよいか？

これについて、「人間に優しいＡＩがいい」といわれることがある。

しかし、この基準でＡＩの導入を判断できるだろうか？　ＡＩは、これまで人間がやってきた仕事を奪う面があることは否定できない。だから、人々を失業させるだろう。職を失う人間にとって、これは大問題だ。では、そうしたＡＩは、導入してはならないのだろうか？

そうすれば、人々はこれまでの仕事を続けることができるかもしれない。しかし、社会は変わることができなくなるだろう。

ＡＩに何ができるか、何ができないか、そしてＡＩに仕事を任せた場合に何が起こるかを考え、それを社会全体としてうまく使いこなすことが必要だ。

あるいは、ＡＩの不正検知について考えて見よう。この基準を当てはめると、どうなるか？

それによって「不正行為が少なくなる」というのは、望ましいことと考えられるだろう。

しかし、問題は、「何が不正行為なのか？」ということなのである。金融取引などの場合において、何が不正行為かについて、さほど意見の差はないだろう。しかし、中国のような国では、「不正や犯罪とは、何か？」というのは、決して簡単なことではない。それは、現実に重要な問題である。

何が正しいかを独裁者に決められると問題だ

独裁的な全体主義国家では、指導者の方針に反対する意見は犯罪になる。それを考えれば、不正検知技術を無制限に認めて良いかどうかは、疑問だ（もっとも、これはＡＩに特有の話ではない。例えば嘘発見器についても同じようなことが言える）。

要は、技術をどのように利用するかということなのである。その判断にあたって、「人間に優しいか否か」は、有効な判断基準とはならない。

人に優しいＡＩを作るか、優しくないＡＩを作るかではなく、様々な使い方ができるＡＩをどのように使うか、そしてそのための法整備や社会的な規範、社会的な同意をどのように形成していくか、ということが問題なのである。

ＡＩは、能力が優れているため、これまでの社会で曖昧にしていたことが、はっきりした形で現われてしまう。あるいは、これまで問題となっていなかったことが問題となる。そのような能力を持ったＡＩを、どのような目的のために、どのような基準にしたがって用いるかが問われているのである。

4　人間の創造性はＡＩと違う

機械学習で新しいものを作り出せるか？

第7章の**1**で述べたように、機械学習で得られるのは、与えられた学習データに関してのものだけである。もっと広い範囲のデータに対しても正しい答えを出すという「汎化能力」が必要と言われるが、それは難しい課題だ。

とくに、人間と同じような汎化能力を持つことは、きわめて難しいと考えられる。例えば第3章の**5**で述べたスパムメールのフィルタリングを考えてみよう。現在のフィルターは、これまでのスパムメールにどのような言葉があったかを基準として、スパムか否かを判断している。これまでのスパムメールになかったまったく新しい言葉が現われた場合に、それをスパムメールと判定することはないだろう。

しかし、人間であれば、まったく新しい言葉が出てきた場合にも、それをスパムと判断することが可能であるし、おそらく多くの人が即座にそのように判断するだろう。スパムメールのフィルターに要求されるのは、人間と同じような判断をして、新しいタイプのスパムであっても、人間がスパムと判断するのであればスパムと判断することだ。これが汎化能力である。しかし、そのような能力の獲得は、現在のような機械学習を前提にする限り、きわめて難しいだろう（不可能ではないかもしれないが）。

同様のことが、第3章の**5**で述べた不正会計や不正取引の検出についても言える。現在の機械学習の仕組みでは、これまで不正と判定された会計処理や取引を不正と判定する。これについては、人間より正確に、見落としなしに判定することができるだろう。しかし、本来求められるのは、まったく新しいタイプの不正会計や不正取引であっても、検出できることだ。スパムメールの場合と同じように、これも、現在の仕組みでは、獲得するのがきわめて難しい能力だ。

あるいは、第3章の**3**で述べたＡＩによる採用選考を考えてみよう。そこで述べたように、現在ＡＩが行なっていることは、これまで合格とされたエントリーシートと同じタイプのエントリーシートを選び出すことである。

そこで選び出された人が会社にとって望ましい人材である保証は何もない。逆に、そこで落とされた人が会社にとって不要な人材である保証もない。

今のようなＡＩの判断では、これまでと同じような人材が選ばれるだけのことだ。それが会社にとって本当に望ましいかどうかは、まったくわからない。

人間であれば、そのような判断ができるかもしれない。あるいは、そのような判断ができるのは人間だけだとも言える。

総じて言えば、ＡＩはこれまでの最も良いものを再現することができるが、これまでよりも良いものを開発する能力は持たないということができるだろう。

ＡＩの創造性は本物か？

第4章の**4**で述べたように、ホッド・リプソンとマイケル・シュミットは、自然法則を独自に発見できるＡＩユリイカを作り上げた。また、ＩＢＭのＡＩワトソンは、レシピを考える。さらに、音楽や映画を作るＡＩも現われている。

これらは、本当の創造性だろうか？　もしそうだとすると、「ＡＩであっても、新しいものを作り出す創造性がある」ということになる。

ところが、詳しく見ると、ＡＩの創造性といわれるものは、人間の創造性とは違うことが分かる。

第4章の**4**で述べたように、ユリイカの創造性は、「ランダムな要素を取り入れ、それらの中でうまくいったものをさらに成長させる」という方法によって実現されている。これは、自然淘汰のプロセスを真似たものだ。

自然界における生物の進化は、確かに突然変異と淘汰によって行なわれてきた。しかし、これはきわめて長い時間を要するプロセスである。進歩がそのようなメカニズムだけで行なわれていれば、人間社会のような進歩はあり得ないだろう。

人間の創造活動は、これとは本質的に違うものだ。とくにつぎの三点で違う。

第一に、人間は、好奇心と疑問に導かれて探求する。

第二に、人間は、様々な方向をランダムに試すのではなく、知識と直感に導かれて、一定の方向に進む。

第三に、人間は、特別の経済的利益がなくとも、創造や発見の過程自体が面白いから、創造活動に挑む。

もちろん、ＡＩも次第にうまく仕事をこなせるようになるだろう。また、人間でも、すべての人が創造力を持っているわけではない。

しかし、真の創造性は、人間の中からしか出てこないように思える。事実、ＡＩユリイカも、その後は目立った進展はないようだ。

人間は疑問を抱く

右に述べた三点について、もう少し考えを進めてみよう。

第一に、「人間は疑問を抱き、好奇心を持つ」という点について。

先述のマーティン・フォードは、「ユリイカが好奇心を持つ」と言った。しかし、この表現はミスリーディングではあるまいか？

ユリイカは、そのようにプログラムされているだけなのだ。そのプログラムなしに画像を見せられても、物理法則の探求は始まらないはずだ。

それに対して、ニュートンは、リンゴが木から落ちるのを見て、「リンゴは落ちるのに、なぜ月は落ちないのか？」との疑問を抱いた。そして、その疑問を出発点として、力学法則を導き出した。

創造的な人は、それまで他の人がしなかった問いを発することによって、新しい可能性を開くのだ。

では、ＡＩは、ニュートンと同じような疑問を抱くことができるだろうか？

物理法則をいくら教え込んでも、ＡＩは疑問を持つまい。リンゴが木から落ち、月が天空に留まっている動画を見せたとしても、「その二つは、万有引力と力学法則で説明できる現象であり、何も不思議なことはない」と答えるだけではないだろうか？

「これまで知られているあらゆる法則をＡＩに学習させ、それと矛盾する現象をＡＩが指摘する」ということは可能だろう。しかし、ニュートンが抱いた疑問は、これとは異質のものだ。実際、彼が見た現象は、自然法則と何ら矛盾するものではなかったのだから。

ユリイカが好奇心を持ったというのは、見かけ上のものでしかないと考えることができる。もちろん、以上で述べたのは、「現段階では」ということだ。ニュートンと同じような疑問を抱けるＡＩが将来作られる可能性は、否定できない。しかし、そうしたＡＩは、簡単には作れないだろう。

ＡＩ時代において重要なのは、「私が知りたいことは一体何なのだろうか?」あるいは「私がすべきことは一体何なのだろうか?」ということである。

これこそ、知識の探求ということにおける、最も重要な課題である。そして、それは、その人がそれまで習得した知識と問題意識によって決定されることだ。

そして、これはＡＩによっては解決できない問題だ。

人間は知識に基づいて、ある方向を探索する

つぎに、右に述べた第二点、つまり、「人間は、創造活動において、あり得る可能性をランダムに試すのではなく、知識と直感に導かれて、ある方向に進む」という点について。

ニュートンが研究過程でランダムな試行錯誤などしなかったことは、つぎのエピソードによっても明らかだ。

１６９７年、ヨハン・ベルヌーイは、「重力下で質点が最も速く降りることができる曲線は何か?」という問題を出した。このときのニュートンは、造幣局長官を務めており、多忙をきわめていた。夕方４時に帰宅して問題を見て、翌朝４時には、「サイクロイド曲線」と正解を得ていた。匿名で解答を送ったが、それを見たベルヌーイは、解答者がニュートンだとすぐに見抜いた。そして、「爪を見ればライオンだと分かる」と言ったそうである。

自らの研究活動について、ニュートンは、「巨人たちの肩に乗って進めた」と言った。これは、創造活動において、それまでの先人たちの業績を利用しているということだ。知識の重要性といっても良い。それに導かれて、ある方向に進んだのである。

ところで、新しいアイディアを発想するためには、知識が不可欠だ。既存の知識と問題意識のぶつかり合いでアイディアが生まれるのである。フランシス・ベーコンは、「知識は力なり」と主張したが、それは、このような意味なのであろう。

新しい情報に接した時、それにどのような価値を認めるかは、それまで持っていた知識による。新しい情報に接しても、知識が少なければ、何も感じない。しかし、知識が多い人は、新しい情報から刺激を受けて、大きく発展する。

だから、新しい発想は、たくさんの知識を勉強した人から出てくる。物理学も数学もまったく勉強もしないで、量子力学の発見をすることはできない。

これに対して、「ITが発展したので、もはや知識は必要なくなった」「インターネットの普及で知識は簡単に手に入るようになったから、知識は経済的価値を失った」という見方がある。あるいは、「知識は外部メモリにあれば良い」という意見もあり得る。確かに、物識りの価値は低下した。「歩く百科事典」は要らなくなった。

しかし私は、知識の価値がなくなったとは、思わない。右に述べたように、創造活動に知識は不可欠だからだ。

その場合、知識が内部メモリにあってすぐに引き出せるようになっていないかぎり、それを発想に有効に使うことはできない。したがって、アイディアの発想のためには、多くの知識を内部メモリに持っていることが必要である。

もちろん、ニュートンと同じような創造活動は、誰にもできるわけではない。その能力は、人によって差がある。しかし、人間の創造活動が、ＡＩがやっているランダムな試行錯誤ではないことは共通している。

人間は探求そのものを目的として探求する

最後に、第三点の、「人間は創造や発見の過程自体が面白いから挑戦する」という点について。

もちろん、人間も、創造活動を、経済的なインセンティブに導かれて行なうことは多い。研究者の場合でもそうだ。「新しい発見をして地位を獲得するために、研究をする」「新しいアイディアを事業化して所得を得たいから」などという面は、もちろんある。

しかし、多くの科学者は、こうした目的だけのために研究をしているわけではない。「研究すること自体が楽しいから、研究している」という人が多いのだ。ニュートンの研究動機は、「自分の密かな抑えがたい欲求を満足させること」だったといわれる。つまり、知識の獲得それ自体が目的だったのである。

実際、科学的知識の探究は、発見された新しい知識によって経済的な利益が得られることを目的とする場合もあるが、多くの場合、その関連は間接的だ。

例えば、火星探検を考えてみよう。火星に生命の痕跡を見つけることができたとして、それによってどんな利益が得られるだろうか？　火星生命の探索が行なわれるのは、純粋な知的好奇心による面が大きいのだ。

こうした研究活動は、ＡＩがいかに発達したところで減るわけではない。だから「人間が知的活動のすべてをＡＩに任せ、自らはハンモックに揺られて一日を寝て過ごす」という世界にはならないだろう。

ＡＩが進歩した未来においても、研究室では、研究者が寝食を忘れて実験に挑んでいるだろう。歴史学者は古文書を繙《ひもと》いて、新しい事実を発見することに無限の喜びを感じているはずだ。そして、親しい人々が集まって、絵画や音楽についてどれだけ深い知識を持っているかを披露し、競い合っているはずだ。あるいは、誰の意見が正しいかについて、口角泡を飛ばして議論しているはずだ。

知性は遊び、すなわち無目的的行為を求めるものだ

スタニスワフ・レムは、ポーランドの作家（１９２１〜２００６）だ。『ソラリスの陽のもとに』（ハヤカワ文庫、１９７７年）などで知られている。

彼は、「Ｈ・Ｇウェルズ『宇宙戦争』論」（『高い城・文学エッセイ』沼野充義ほか訳、国書刊行会）の中で、Ｈ・Ｇ・ウェルズの『宇宙戦争』（創元ＳＦ文庫、２００５年。原作は１８９８年）を高く評価しながら、「一点だけ非難するところがある」とし、「それは、火星人に文化が欠けていることだ」と述べている。

「（火星人は）極めて即物的な共同作業――もちろん地上においては、惑星をうまく征服する

ための軍事的な共同作業――で用いられる倫理以外の倫理を知らない。行動の動機や思考といった点で、いわゆる手段としての価値へとこうも徹底的に還元される存在はまずありえない。（中略）知性は、もしそれが本物の知性ならば、生存する特権を与えてくれた生命を維持するために、自らが生産した装置を超えていなければならない」というのである。

私も『宇宙戦争』を、最高のＳＦだと思っている。火星人が戦闘用トライポッドを組み立てる場面の、なんと生き生きしていることか。彼らは「ビクトリア時代の火星人」なので、蒸気機関で作業をしており、シュッシュッという音が聞こえる。また、イギリス海軍艦艇と交戦したときには、足に直撃弾を受けて海中に崩れ落ちる（これに比べて、ジョージ・パルが１９５３年に映画化したハリウッドの火星人は、原爆にもびくともしない。その非現実さは、この映画を見たときに中学生だった私をさえ興ざめさせるものだった）。

Ｈ・Ｇ・ウェルズの火星人（正確には、彼らが製作した戦闘機械）は、このようにリアルな存在である。それにもかかわらず、火星人は、「遊び」というものをいっさいしないのだ。私にはそれが不満だった。宇宙空間を克服して地球に飛来できる知性を持ちながら、ひたすら人間を殺戮するだけで、遊ぶことにいささかの関心も示さない。これは、じつに不自然な設定だ。

私は長いあいだそう考えていた。レムの論評を読んで、彼も同じことを言っていると思った。もっとも、レムは、誤解を招きかねない表現をしている。「火星人が人間を研究しないのが不満だ」と言うのである。しかし、「人間をいかに効率的に殺戮できるか」を知るための研究はありうるし、それは文化を持たない種族でも行なうことだ。つまり、研究のなかには「手段としての価値へ還元される」ものもあるのだから、研究の存在は文化の存在を意味しない。

ただし、レムが言うのは、そのような実用的研究ではなく、純粋に知的な好奇心からの研究だと思う。実際、彼は「もし仮に、科学が常に実際に役立つものを発見できそうなことにしか従事しないとなると、大きな進歩は望めない」と、正しく指摘しているのである。したがって、彼が言う「研究」は、私が言う「遊び」に含まれるものだ。

カラスは、公園の滑り台で滑って遊ぶことがあるのだという。真偽の程が定かでないこの情報を聞かされたとき、われわれの反応は、次のいずれかであろう。すなわち、「カラスがいかに賢くとも、そこまではやるまい」と考えるか、あるいは「カラスは利口だからやりかねない」と考えるかだ。

ところで、このいずれの反応においても、われわれは、まさしく「遊ぶ能力」によって、カラスの知性を測ろうとしているのである。そして、仮にカラスが公園の滑り台で滑って遊んでいるのであれば、『宇宙戦争』の火星人は、カラスに劣る存在なのだ。

ＡＩ（少なくとも、これまで作られたＡＩ）は、この基準によって『宇宙戦争』の火星人と同じであり、したがって、カラスにも劣る存在である。

「遊びが知性の尺度だ」というのは、「遊べる余裕を持っている人は、仕事を遂行する能力が高い」という意味ではない。また、「仕事ひと筋の人は人間味がなくて面白味がない」という意味でもない。あるいは、「仕事ばかりしていると疲れるから、たまには気晴らしが必要」とか、「遊べば疲れが取れて仕事の能率が上がる」という意味でもない。そしてまた、「遊びで興味の範囲が広がれば、新しい発見をする可能性が高まる」と言っているのでもない。

ここで言う「遊び」とは、「生存のための合理的な目的に寄与することがないもの」である。それは、自己目的的な行為であり、定義によってムダなものだ（なお、この定義によれば、日本のビジネスマンがやっているゴルフは、「遊び」ではなく仕事の一部である。また、囲碁は人間にとっては遊びだが、ＡＩはそれと同じことをプログラムで行なうことを命じられているだけだから、遊びではない。自動車の自動運転のために開発されたＡＩが、運転していない時間に自発的に囲碁を始めたときにはじめて、囲碁はＡＩにとって遊びになる）。

そして、知性は本来的に、無目的的な行為を求めるのである。したがって、遊びは、知性が存在することの証拠とみなされるのである。

言い換えれば、遊びは知性の代理変数（プロキシイ）なのだ。因果関係によってそう解釈されるのではなく、単なる相関関係によってそうみなされるのである。

したがって、ここで使っている「知性」という言葉は、正確には、「知的な（潜在的）能力」

と言うべきものだろう。

以上で述べたことをまとめれば、人間は知性的な存在だが、ＡＩはそうではないということだ。

少なくとも、現在存在するＡＩ、つまり本書で解説したＡＩは、知性を持っていない。将来知的なＡＩが誕生する可能性を完全に否定することはできないが、いまいる人々が生きている間には誕生しないだろう。

その考えが正しければ、われわれ人間は、知的であることによってＡＩを超える存在であると確認できる。そして、そのことに誇りを持って、これからも新しい世界を切り開いていくだろう。

【第5章補論】ベイジアンネットワーク：要因が複数ある場合の因果関係の分析

拡張したベイズの公式

つぎのような確率が、過去のデータによって分かっているものとする。

なお、字数節約のため、雨が降ることをRで、スプリンクラーが作動することをSで、芝生が濡れていることをWで表わし、これらが真でないことをNR、NS、NWで表わすことにする。

（1）雨が降る確率。これを$P(R)$で表わす。これが事前確率である。ここでは、$P(R) = 0.2$であるとする。

（2）Rが真である時にスプリンクラーが作動する（Sが真となる）確率。これを$P(S/R)$で表わす。ここでは、$P(S/R) = 0.01$であるとする（雨が降った場合も、1％の確率でスプリンクラーが作動してしまう）。

（3）Rが真でない時にSとなる確率。これを$P(S/NR)$で表わす。ここでは、$P(S/NR) = 0.8$であるとする（雨が降らない場合に、スプリンクラーは8割の確率で作動する）。

（4）RとSが真である時Wとなる確率。これを$P(W/R,S)$で表わす。ここでは、$P(W/R,S) = 0.99$であるとする（雨が降り、かつスプリンクラーも作動すれば、芝生は99％の確率で翌朝まで濡れている）。

（5）NRとSが真である時Wとなる確率。これを$P(W/NR,S)$で表わす。ここでは、$P(W/NR,S) = 0.9$であるとする（雨が降らず、かつスプリンクラーが作動すれば、芝生は9割の確率で濡れている)。

(6) RとNSが真である時Wとなる確率。これを $P(W/R, NS)$ で表わす。ここでは、$P(W/R, NS) = 0.8$ であるとする(雨が降り、かつスプリンクラーが作動しなければ、芝生は8割の確率で濡れている)。

(7) NRとNSが真である時Wとなる確率。これを $P(W/NR, NS)$ で表わす。ここでは、$P(W/NR, NS) = 0$ であるとする(雨も降らないしスプリンクラーも作動しなければ、芝生は濡れない)。

この問題は、つぎのようにアプローチすることができる。

Wが真であるケースは、(W、S、R)、(W、S、NR)、(W、NS、R)、(W、NS、NR)の四つだ。ここで、例えば(W、S、R)は、W、S、Rがいずれも真であることを表わすものとする。

このうち、Rが真であるのは、(W、S、R)、(W、NS、R)の二つだ。

だから、「Wが真である場合にRが真である確率」$P(R/W)$ は、$P(W, S, R) + P(W, NS, R)$ を、$P(W, S, R) + P(W, S, NR) + P(W, NS, R) + P(W, NS, NR)$ で割ることによって与えられる。

ここで、例えば $P(W, S, R)$ は、W、S、Rがいずれも真である確率だ。この値は、$P(W, S, R) = P(W/S, R) \cdot P(S/R) \cdot P(R)$ によって計算できる。ところが、この右辺の値は、前記の(1)、(2)、(4)で与えてあるから、左辺の値である $P(W, S, R)$ も計算できることになる。

他のケースについても、前記(1)から(7)で与えた値を用いれば、計算できる。したがって、最終的に知りたい値 $P(R/W)$ を計算することができる。

実際に計算してみると、$P(R/W) = 0.218$ となる。

パラメータを変える

このように、いまの数値例では、芝生が濡れていても、雨が降った確率は意外と小さいのである。こうなるのは、スプリンクラーが作動した場合にも芝生は濡れるからだ。

パラメータが先の例と異なる場合には、つぎのようになる。

（a）上の数値例で $P(R/W)$ が低い値になる一つの理由は、「雨が降らない時にスプリンクラーが作動する確率」$P(S/NR)$ が０・８と、比較的高い値であるからだ。

もしこの値が０・１というような低い値であるなら（つまり、本来働くべき時にスプリンクラーが作動しなければ）、$P(R/W)$ はもっと高い値になるだろう。他の確率は先に与えたとおりであるとして実際に計算すると、$P(R/W) = 0.69$ となる。

（b）もう一つの理由は、「雨が降らず、スプリンクラーだけが作動した場合にも芝生が濡れる確率」である $P(W/NR, S)$ が０・９と、かなり高い値だからだ。

もしこの値が０・１というような低い値なら、$P(R/W)$ はもっと高い値になるだろう。他の確率は右に与えたとおりであるとして実際に計算すると、$P(R/W) = 0.71$ となる。スプリンクラーでは作動しても乾いてしまうから、濡れていれば雨だったと推測できるのだ。

（c）もう一つの理由は、「雨が降る確率」$P(R)$ が、０・２と比較的低い値であるからだ。もしこの値が０・７というような高い値であるなら、$P(R/W)$ はもっと高い値になるだろう。他の確率は右に与えたとおりであるとして、実際に計算すると、$P(R/W) = 0.72$ となる。もともと雨が降る確率は高いのだから、「芝生が濡れていれば雨」と推測しても、多くの場合に正しいのである。

（d）$P(W/NS, R)$ が低いと、結果はかなり変わる。これが０・２だとすると、$P(W/NS, R)$ が０・

5でも $P(R/W) = 0.51$ であり、雨が降ったかどうかを判別しにくくなる。雨が降っても乾いてしまうし、スプリンクラーは作動するかどうか分からないので、推定が難しくなるのだ。

（e）雨が降らない場合のスプリンクラーの動作確率 $P(S/NR)$ が0・8と高い場合を考えると、$P(W/NS, R) = 0.5$、$P(W/S, NR) = 0.7$ の場合、$P(R/W) = 0.47$ となり、やはり雨が降ったかどうかを判別しにくくなる。この場合は、雨とスプリンクラーが翌日の芝生に同じような影響を与えるからだ。

以上の（a）〜（e）は、直感的にもそのような結果になることは予想できるが、定性的な予想にとどまる。定量的にどの程度の値になるかは、直感だけでは分からない。

これを明らかにできるのが、ベイジアンネットワークの威力だ。

図表一覧

［わ 行］

[は　行]

[な 行]

[た　行]

[さ　行]

［か　行］

[あ 行]

索　引

野口　悠紀雄（のぐち・ゆきお）

1940年、東京に生まれる。1963年、東京大学工学部卒業。1964年、大蔵省入省。1972年、エール大学Ph.D.（経済学博士号）を取得。一橋大学教授、東京大学教授（先端経済工学研究センター長）、スタンフォード大学客員教授、早稲田大学大学院ファイナンス研究科教授などを経て、2017年９月より早稲田大学ビジネス・ファイナンス研究センター顧問、一橋大学名誉教授。著書に『情報の経済理論』（日経経済図書文化賞）、『財政危機の構造』（サントリー学芸賞）（以上、東洋経済新報社）、『バブルの経済学』（日本経済新聞社、吉野作造賞）、『ブロックチェーン革命』（日本経済新聞出版社、大川出版賞）ほか多数。近著に『仮想通貨はどうなるか』（ダイヤモンド社）、『入門　ＡＩと金融の未来』（ＰＨＰビジネス新書）などがある。

◆ツイッター　https://twitter.com/yukionoguchi10
◆note　https://note.mu/yukionoguchi
◆野口悠紀雄online　http://www.noguchi.co.jp/

AI入門講座 —人工知能の可能性・限界・脅威を知る

2018年11月10日　初版印刷
2018年11月20日　初版発行

著　　者　野口　悠紀雄
発 行 者　金田　功
発 行 所　株式会社 東京堂出版
〒101-0051　東京都千代田区神田神保町1-17
電　話　(03)3233-3741
http://www.tokyodoshuppan.com/

装　　丁　斉藤よしのぶ
Ｄ Ｔ Ｐ　株式会社 オノ・エーワン
印刷・製本　中央精版印刷株式会社

ISBN978-4-490-20996-9 C0033